Archive zur Musik des 20. Jahrhunderts Band 4
Bernd Alois Zimmermann

STIFTUNG ARCHIV DER
AKADEMIE DER KÜNSTE

Archive zur Musik des 20. Jahrhunderts Band 4

Bernd Alois Zimmermann
»Du und Ich und Ich und die Welt«
Dokumente aus den Jahren 1940 bis 1950

Im Auftrag der
Stiftung Archiv der Akademie der Künste
herausgegeben von Heribert Henrich

wolke

Erstausgabe 1998
© Stiftung Archiv der Akademie der Künste, Berlin,
 und bei Dr. Sabine von Schablowsky-Zimmermann
Alle Rechte vorbehalten, Wolke Verlag, Hofheim 1998
Redaktionelle Mitarbeit: Marita Gleiss, Werner Grünzweig,
Christiane Niklew und Daniela Reinhold
Schreib- und Kopierarbeiten: Dagmar Garling und Elfe Raasch
Layout und Satz: michon, Hofheim
Gesetzt in der Simoncini Garamond
Druck: Fuldaer Verlagsanstalt
Titelentwurf: Friedwalt Donner, Alonissos
ISBN 3-923997-84-1

Inhalt

»Fugato-Finale« 6

Vorwort 9

Briefe (1940–1950) 15

»Du und Ich und Ich und die Welt.
    Versuch einer Selbstkritik in Tagebuchform« (1945–1947) 41

Kritiken und Aufsätze (1944–1950) 97
    [Hausmusikstunde der Staatlichen Hochschule für Musik] 99
    Meisterwerke neuer Musik 99
    Liturgische Sinfonie von Arthur Honegger und c-Moll-Messe
    von Wolfgang Amadeus Mozart 102
    Moderne französische Musik 106
    Mysterium oder Oper 113
    Hindemith und Brahms im 5. Sinfoniekonzert 116
    Oper der Zeit (Politische Oper) 117
    Woche für neue Musik in Frankfurt 121
    Kompositionstechnik und Inspiration 123
    Entscheidung im Material 126

INVENTAR DER MUSIKAUTOGRAPHE IM BERND-ALOIS-ZIMMERMANN-ARCHIV ... 131

ABKÜRZUNGEN 150

S. 6-8
Bernd Alois Zimmermann: »Fugato-Finale« aus einer Frühfassung von *Extemporale*, Autograph,
Bernd-Alois-Zimmermann-Archiv 36.2, fol. 3ᵛ-4ᵛ (© Schott Musik International)

Vorwort

Bernd Alois Zimmermanns Weg zur musikalischen Avantgarde war lang und beschwerlich. Der 1918 geborene Komponist mußte sich nicht nur von den Zwängen einer eher kunstfernen und provinziellen Umgebung befreien, sondern gerade seine Generation war es auch, die durch den Zweiten Weltkrieg und die Not der Nachkriegszeit in ihrer schöpferischen Entwicklung besonders beeinträchtigt wurde. Wenn sich der Blick bislang auf die beiden letzten Lebensjahrzehnte Zimmermanns, also die Zeit von 1950 bis 1970, richtete, war dies dadurch gerechtfertigt, daß die Werke, die er selbst als das Wesentliche seines Schaffens erachtete, in dieser Periode entstanden sind. Annähernd drei Jahrzehnte nach seinem Tod erscheint es jedoch legitim, sich den noch wenig erhellten Jahren von 1940 bis 1950 zuzuwenden, die immerhin den ersten Zeitabschnitt darstellen, in dem Zimmermann sich konsequent kompositorischer Tätigkeit widmete. Die Betrachtung dieser Jahre macht das Charakteristische von Zimmermanns Lebensweg erst in vollem Umfang verständlich; sie zeigt, welche Verletzungen ihn geprägt haben, von welchen Befangenheiten und inneren Widerständen er sich befreien mußte, um der Schöpfer von Werken einer ganz eigenen Physiognomik zu werden, deren musikhistorischer Rang heute feststeht.

Das vorliegende Buch dokumentiert diese erste Etappe der künstlerischen Selbstfindung Zimmermanns anhand ausgewählten Quellenmaterials. Dabei werden einige der frühesten biographischen Zeugnisse erstmals der Öffentlichkeit zugänglich gemacht. Einen repräsentativen Überblick über die betreffenden Jahre vermögen die zwölf Briefe zu geben, die den Band eröffnen. Gewissermaßen das Herz der Publikation bilden die Tagebuchaufzeichnungen, denen Zimmermann – vielleicht eine literarische Ambition unterstreichend – den Titel *Du und Ich und Ich und die Welt* gab. Zeitlich auf die kurze Spanne von Juni 1945 bis Januar 1947 beschränkt, bilden sie ein Zeugnis unerbittlicher Selbsterforschung nicht nur in Hinblick auf das problematische Verhältnis zu seiner damaligen Verlobten, sondern auch auf die Bewältigung der Kriegs- und Nachkriegserfahrungen und die Schwierigkeiten, einen eigenen schöpferischen Weg zu finden. Ergänzt wird der Band durch eine Auswahl früher, zumeist an entlegener Stelle erschienener Aufsätze und Kritiken, die einen ersten Wandel in Zimmermanns stilistischer Orientierung sichtbar werden lassen.

Die hier vorgelegten Dokumente führen in eindringlicher Weise vor Augen, welche Hindernisse sich Zimmermann genau in jenen Lebensjahren entgegenstellten, in denen der Mensch seine wesentlichen Prägungen erfährt, sich bildet und die Entscheidungen über seinen Lebensweg fällt. Mit aller Drastik beschreibt Zimmermann das Grauen, das er als Frontsoldat erlebt; schonungslos hält er fest, wie Mangel und Hunger in der Nachkriegszeit die Menschen gelegentlich auf ihr Kreatürliches zu reduzieren drohen. Immer wieder sieht er sich genötigt, Klage darüber zu führen, daß die Widrigkeiten der Zeitläufte ihn davon abhalten, sich seinen eigentlichen Zielen, den Studien und dem Komponieren, zu widmen. Aber nicht nur über den äußeren Schaden, der ihm durch den Krieg zugefügt wurde, sprechen die Dokumente, sondern auch über innere Deformationen, denen Zimmermann durch die Ungunst seines Geburtsjahres zwangsläufig ausgeliefert war. Bei der Machtergreifung der Nationalsozialisten gerade fünfzehnjährig, war er zu jung, um seine Position frei zu bestimmen, und doch zu alt, als daß die Infiltration in dem gleichsam luftdicht nach außen abgeschlossenen System, das Hitler-Deutschland bildete, spurlos an ihm hätte vorübergehen können. Einige aus heutiger Distanz und mit heutigem Wissen befremdliche Äußerungen finden hier ihre Erklärung. Die Erlebnisse und Erfahrungen des Krieges stürzten Zimmermann in eine anhaltende innere Krise. Die Zweifel an jeglichem geistigen Prinzip, die Zweifel auch an der Verläßlichkeit der eigenen Wahrnehmungs- und Erkenntnismechanismen führten ihn in einen Zustand der Orientierungslosikeit, der ihn einmal sogar an Suizid denken ließ. Nur ganz allmählich vermochte er, »was an Gedanken, Begriffen, Vorstellungen und Erlebnissen ungeordnet quer und schief« in ihm lag, wieder in eine sinnvolle Ordnung zu bringen. Daß er an den erlittenen Verwundungen zeitlebens zu tragen hatte, zeigen noch seine letzten Werke.

Mit welcher Intensität und Ausdauer Zimmermann selbst in Zeiten äußerster Bedrängnis seine schöpferische Tätigkeit reflektierte und problematisierte, wird aus den nun publizierten Quellen offensichtlich. Das immer wieder sich manifestierende Ringen um »geformten Ausdruck« läßt erkennen, daß er sich sehr wohl darüber bewußt war, in welchem Maße die Musik seiner Zeit der Gefahr unterlag, durch die Verwendung verschlissener Elemente in leere Rhetorik zu verfallen, – indes noch ohne selbst einen Ausweg aus dem Dilemma gefunden zu haben. Sind die großen Vorbilder in der unmittelbaren Nachkriegszeit jene Komponisten, die nach revolutionär antiromantischen Anfängen sich einem gemilderten Idiom im Zeichen einer neuen Klassizität zuwandten – Strawinsky, aber vor allem Honegger und der mittlere Hindemith wären hier zu nennen –, so wird bei den Darmstädter Ferienkursen des Jahres 1949 die Begegnung mit der Musik Arnold Schönbergs zum zentralen Erlebnis. Seit 1950 dann zeichnet sich eine Form des »Material«-Bewußtseins in Zimmermanns Denken ab, wie es sich kompositorisch schlüssig vielleicht erstmals in den *Perspektiven* von 1955/56 äußerte, und das eine der Voraussetzungen für die epochalen Werke bildete, die er ab 1957 schuf.

Erstaunlich ist, daß schon sehr früh Gedankenkomplexe anklingen, die in entscheidender Weise erst im letzten Schaffensjahrzehnt des Komponisten zum Tragen kommen. Wenn Zimmermann etwa von der »kardanische[n] Aufhängung« unserer Seele« spricht, in deren »zweifach rotierenden Bewegung« wir »drehend bewegt« seien, und das Komponieren als einen Prozeß charakterisiert, durch den »lange Gedachtes, früh Empfundenes und spät Gefühltes« sich in ein »endgültige[s] Zusammensein« fügten, weist er damit zweifellos auf die gleichsam multiperspektivische Wirklichkeitsbeziehung voraus, die er für seine »pluralistischen« Werke anvisierte und durch das Theorem von der »Kugelgestalt der Zeit« zu untermauern suchte. Ein andermal glaubt Zimmermann die Struktur seines Denkens in einem »protuberanzenartige[n] Aussprühen der Vorstellungen in Wortklängen« zu erkennen, welches er als »Sprachimprovisation« bezeichnet, – und nimmt damit Fragestellungen vorweg, die ihn insbesondere im *Requiem für einen jungen Dichter* beschäftigten, dem »Lingual«, dessen »Prolog« explizit auf Ludwig Wittgensteins »Sprachspiel«-Theorien rekurriert. Durch solch zeitüberbrückende Querverbindungen aber erweist sich Zimmermanns eigenes Denken als bestes Exempel für seine Zeitphilosophie, wie er sie in den sechziger Jahren skizzierte.

Ziel dieser Publikation ist es, einen authentischen, aber dennoch gut lesbaren Text vorzulegen. Daher wurden einige geringfügige editorische Eingriffe vorgenommen: Orthographische Fehler und Fehler in der Schreibung von Eigennamen wurden stillschweigend korrigiert. Die Interpunktion wurde behutsam normalisiert. Die Datierungen der Briefe und Tagebucheinträge erscheinen in vereinheitlichter Form. Hervorhebungen Zimmermanns sowie Werktitel sind durch Kursive gekennzeichnet. Korrekturen Zimmermanns wurden in den Text eingearbeitet, Abkürzungen aufgelöst. Editorische Ergänzungen stehen in eckigen Klammern. Alle in diesem Buch publizierten und genannten Quellen gehören – sofern nichts Gegenteiliges vermerkt ist – zu den Beständen der Stiftung Archiv der Akademie der Künste, Berlin.

Der vorliegende Band wäre nicht zustande gekommen ohne die Unterstützung zahlreicher Personen und Institutionen: Frau Dr. Sabine von Schablowsky-Zimmermann gab nicht nur die Erlaubnis zur Veröffentlichung der Briefe und Tagebuchaufzeichnungen, sondern äußerte auch den dezidierten Wunsch, daß die Publikation ohne Auslassungen erfolgen möge. Frau Christine Schmitz, die Schwester Bernd Alois Zimmermanns, gewährte Einblick in eine Reihe bislang unbekannter Quellen zum Frühwerk. Frau Prof. Tiny Wirtz gab in mehreren ausführlichen Gesprächen wichtige Informationen über die Zeit ihrer Zusammenarbeit mit Zimmermann und machte den in ihrem Besitz befindlichen Brief Nr. 6 zugänglich. Herr Wilhelm Schlüter stellte Kopien der im Internationalen Musikinstitut Darmstadt aufbewahrten Briefe Nr. 10,

11 und 12 zur Verfügung. Der Verlag Schott Musik International gab die Erlaubnis, das noch unveröffentlichte »Fugato-Finale« zu faksimilieren, das – zusammen mit zwei weiteren bislang unbekannten Klavierstücken aus früher Zeit – demnächst im Druck erscheinen wird. Wichtige Hinweise und Ratschläge gaben Frau Saskia Walker, Herr Rüdiger Albrecht und Herr Jochem-Dieter Österreich. Auskünfte erteilten ferner Frau Anne Suse Seydel, Herr Dr. Dietmar Schenk vom Hochschularchiv der Hochschule der Künste Berlin, das Archiv »Deutsche Musikpflege« Bremen, das Gürzenich-Orchester Kölner Philharmoniker und die Oper der Stadt Köln. Ihnen allen gilt mein ausdrücklicher Dank.

Heribert Henrich

Briefe
(1940-1950)

Transkribiert und kommentiert von Heribert Henrich

Frankreich, den 17.9.1940

H. Jean!

Du wirst Dich vielleicht wundern, daß ich Dir in so kurzem Abstand schreibe. Was ich in dem 1. Brief versäumt habe zu sagen, soll nun gebührend nachgeholt werden. Ich bin (um in sehr egoistischer Weise von mir selbst zuerst zu reden) wieder einmal in jener „non plus ultra"-Stimmung, in der man weder Männchen noch Weibchen zu sein glaubt. Es ist dies natürliche eine einfache Reaktion auf den Wechsel zwischen Urlaub und nun wieder beginnendem tagfrenenden Dienst. Welcher Unterschied! Auf der einen Seite eines mit unzähligen heimlichen Leiden und allerdings Fürsten getragenes „Dasein" (schlechterdings Existenz) und Unsterblichkeit, auf der anderen Seite eine, wenn nicht willens-mäßig bewußte, tödliche und sinnlose „Notwendigkeit" (wie man so schön sagt) noch unter einmal Härte. Härte, Pflicht sind nicht so erniedrigend und verletzend wie stumpfe vegetative „Notdurft". Notwendigkeit ist schon wieder bei weitem erhabener, das ist, sie macht größer und in einem guten Sinne bewußter.

159a. 1a

Brief an Jan Natermann vom 17. September 1940, Autograph, Bernd-Alois-Zimmermann-Archiv 159a. 1, fol. 1ʳ

1   An Jan Natermann[1]

                                 Frankreich, den 17. September 1940

Lieber Jean!

Du wirst Dich vielleicht wundern, daß ich Dir in so kurzem Abstand schreibe. Was ich in dem ersten Brief versäumt habe zu sagen, soll nun gebührend nachgeholt werden. Ich bin (um in sehr egoistischer Weise von mir selbst zuerst zu reden) wieder einmal in jener »non plus ultra«-Stimmung, in der man weder Männchen noch Weibchen zu sein glaubt. Es ist dies natürlich eine einfache Reaktion auf den Wechsel zwischen Urlaub und nun wieder beginnendem tagfressenden Dienst. Welcher Unterschied! Auf der einen Seite unser mit unzähligen heimlichen Leiden und allerdings Lüsten getragenes »Dasein« (schlechterdings *Existenz*) und Musikerblut – auf der anderen Seite eine, wenn nicht *willensmäßig* bewußte, tödliche und sinnlose »Notwendigkeit« (wie man so schön sagt), noch nicht einmal Härte. Härte, »Pflicht« sind nicht so erniedrigend und verletzend wie stumpfe vegetative »Notdürfte«. Notwendigkeit ist schon wieder bei weitem erhabener, das ist, sie macht größer und in einem *guten* Sinne bewußter.

    Und doch stehen wir wieder wie immer mitten im Soldatentag. Wir reißen unsere faulen Witze, lachen über jeden Scheißdreck ganz unbändig, um wieder bei einer anderen Gelegenheit wie sinnend in eine sinkende Sonne oder einen ziehenden Strom zu blicken. Na, ja: Du siehst, man wird schon ganz unsoldatisch sentimental. – Dies über meine jetzige Stimmung und Lage.

    Zum soundsoften Male muß ich wieder über die Relationen von Werk und Schöpfer, d.h., in unsere Sphäre übersetzt, von Werk und Leidenden nachdenken, um damit gleichzeitig an Malers[2] »Komponierleiden« zu erinnern. (Maler hatte ganz recht.) Den Einfall als solchen empfange ich nicht ohne weiteres beziehungslos zum Instrument. Es ist nicht so, als ob der Einfall urplötzlich da wäre. Dies trifft meistens nur für sein *rhythmisches* Gerippe zu. Die Gestaltung ins Einzelne, in die ausdruckgebende Wendung, gewissermaßen in die

---

[1] Jan Natermann (geb. 1910) studierte an der Staatlichen Musikhochschule Köln und lehrte von 1947, ab 1950 als Professor, bis zu seiner Pensionierung im Jahr 1976 Klavier an der Nordwestdeutschen Musik-Akademie in Detmold, wo u.a. Gottfried Michael Koenig zu seinen Schülern zählte.

[2] Wilhelm Maler (1902-1976) lehrte ab 1928 Komposition an der Staatlichen Hochschule für Musik in Köln, ab 1936 als Professor. 1946 übernahm er die Direktion der Nordwestdeutschen Musik-Akademie Detmold, 1959 die der Musikhochschule Hamburg. Für beide Häuser versuchte er Zimmermann als Lehrer zu gewinnen.

Pointe oder in das Charakteristikum bringt die Erarbeitung am Klavier. Das ist natürlich nicht immer der Fall, wie man überhaupt in diesem Falle keine gültige Regel aufstellen kann. Zudem ist dieses Erarbeiten nicht ein Probieren und Experimentieren, sondern ein Erfühlen und Ertasten einer *gefühlten Wirklichkeit*, gewissermaßen eine Übersetzung eines Fixum aus dem *Unbewußten* ins Bewußte, und ich glaube, daß gerade dieser Geburtsprozeß der leidbringende Faktor des Komponierleidens ist. Was ich bei Maler so einmalig finde, ist, daß bei ihm der formale Aufbau und das Gesicht des ganzen Werkes schon wie ein Plan fertigliegen – gewissermaßen (aber das nur in der übertragenen Bedeutung) füllt er, oder besser gesagt, gießt er den Inhalt in die bereitgestellte Form. Ein Erfüllen von Form und Schale mit lebenspendendem Blut und Geist. Vielleicht ist bei ihm das geistige (oder intellektuelle?) Prinzip das Maßgeblichere?

Polen, den 25. September 1940

Ich mußte leider den Brief unterbrechen. Plötzlich hieß es: Marsch. Die Strecke von Südfrankreich nach dem ehemaligen Polen haben wir dann im Waggon zurückgelegt – zusammen mit unseren Pferden. Die Fahrt war große Scheiße. Polen ist bei den Soldaten nämlich sehr »beliebt«. Na, ja. Nun sind wir hier und haben uns so einigermaßen eingerichtet. Die Ställe sind polnisch, die Straßen noch polnischer und die Wirtschaft ist natürlich polnisch. Es ist nur ein Glück, daß hier ein großer Teil von Deutschen angesiedelt worden ist.

Die Landschaft ist nicht ohne Reiz. Der gewohnte Anblick und das Gesicht, das nur der Osten hat. Eine Weite und ein Offensein, denen auch die weitausholenden und sanften Linien des Horizontes eine sich herabsenkende, beschattende und einsam, grau machende Melancholie nicht nehmen können. Und dieser Atem der Landschaft bildet diese Menschen, legt Schatten um Augen und Mund, macht die Linien gröber, breitgestrichener und schwerer. Ich muß bekennen, daß diese Gegend hier in ihrer Art sehr viel größer und schwerer macht und *verantwortlich*, ernst, vielleicht langsam und müde, vor allen Dingen stimmt sie traurig; sie verliert von ihrem Dasein, wenn die Sonne scheint; dann werden die Weiten unerträglich und ohne Sinn.

Was uns hier alle bewegt, ist die Frage nach dem Zweck unseres Transportes hier nach Polen. Du kannst Dir gar nicht vorstellen, was hier an Truppen etc. heraufgegangen ist. Die Optimisten unter uns glauben schon an eine zeitweilige »Beurlaubung bis auf Abruf«: d.h., man kann den Kommisrock »bis auf Abruf« ausziehen. Ein unvorstellbarer Gedanke, wenn man in Erwägung zieht, daß das Studium, wenn auch nur zeitweilig, wieder aufgenommen werden kann. Eine große Scheiße ist es, daß hier weit und breit kein Klavier aufzutreiben ist. Ich persönlich glaube allerdings nicht so ohne weiteres, daß wir hier aufgelöst werden. Das hätte man dann bestimmt in der Heimat schon getan. Nun wird ja wieder so allerhand gemunkelt, wofür natürlich keiner einen Beleg hat. Na, ja; wir werden sehen, was los ist. Von der Welt sind wir sozusagen abgeschnitten. Kein Licht, kein Radio, keine Eisenbahn, kurz keine Zivilisation hier.

In der Hoffnung auf baldige Antwort
Dein A. B. Zimmermann

Berichte mir doch bitte, wenn möglich, über Schulmusik, Hochschule³, zeitgenössische Musik und was so in dieser Breite liegt.

den 7. Oktober 1940

Lieber Jean!

Nun findest Du schon das dritte Datum auf dem Brief. Er ist seltsamerweise zurückgekommen. Ich lege das Kuvert bei. Wahrscheinlich wird es mit den anderen Briefen ähnlich gegangen sein. Na, hoffentlich erhältst Du diesen Brief. Momentan liege ich im Krankenrevier einer Sanitätskompanie. Es sind wieder die Augen und die Haut, die mir zu schaffen machen. Hoffentlich dauert die Scheiße nicht zu lange.

Hast Du meine Karte erhalten? Sieh mal zu, ob Du die *Klavierstücke*⁴ nicht mal auf einem »Donnerstagskonzert«⁵ spielen kannst. Stoverock⁶ beabsichtigt nämlich, wie er mir schrieb, etwas von mir auf einer dieser Veranstaltungen zu

3 Zimmermann hatte, nach zwei vorbereitenden Pädagogik-Semestern an der Hochschule für Lehrerbildung in Bonn, im Wintersemester 1938/39 ein Schulmusikstudium an der Staatlichen Hochschule für Musik in Köln aufgenommen.

4 Gemeint sind Klavierstücke, die später in *Extemporale* eingingen. Bereits am 27. Juni 1939 hatte Heinz Bonacker im Rahmen einer von der Kölner Hochschulgruppe des Nationalsozialistischen Deutschen Studentenbundes unter dem Titel »Musik der Jugend« veranstalteten Rundfunksendung im Reichssender Köln *Zwei Inventionen* aufgeführt, bei denen es sich vermutlich um die Nummern 2 und 5 der definitiven Fassung von *Extemporale* handelte. Im Zusammenhang mit Zimmermanns Aufforderung an Natermann könnte eine Aufführung von *Drei Stücken für Klavier* stehen, die im Jahr 1941 in einem Vortragsabend der Schulmusikabteilung der Kölner Musikhochschule mit der Interpretin Liselotte Neufeld stattfand. Ein Autograph mit dem Titel »3 Stücke für Klavier: / Invention, Sarabande u. / Invention«, von dem sich im Nachlaß Neufelds eine Kopie gefunden hat, läßt vermuten, daß bei dieser Gelegenheit die Nummern 2, 1 und 5 von *Extemporale* zur Aufführung kamen.

5 Die in Verbindung mit der Gesellschaft für neue Musik veranstalteten Hausmusikstunden des Seminars für Musikerziehung der Staatlichen Hochschule für Musik fanden donnerstags statt.

6 Dietrich Stoverock (1900-1976) war ab 1936 Professor und Leiter der Schulmusikabteilung der Kölner Musikhochschule, ab 1946 Stellvertretender Direktor der Nordwestdeutschen Musik-Akademie Detmold, ab 1950

bringen. Die Noten sind auf der Studentenführung. Du brauchst nur mit dem Merkt (Studentenführer) zu sprechen; der wird Dir die Noten dann geben. So, nun muß ich schließen. Hoffentlich läßt Du bald etwas von Dir hören. Mit vielen Grüßen an Maler und Klussmann,[7] sowie an Stoverock.

Dein Aloys Bernd

2   An Jan Natermann

Posen, den 2. Januar 1941

Lieber Jean!

Deine lieben Neujahrswünsche habe ich mit Freuden gelesen. Die Weihnachtsgabe der Schulmusik ist zusammen mit Deinem Brief angekommen. Sehr nett!

Daß Du Deine Arbeit fertig hast, freut mich für Dich mit. Du glaubst gar nicht, was ich für Minderwertigkeitskomplexe auf diesem »wissenschaftlichen« Gebiete habe – besonders durch die »kommisgewollte« Unterbrechung hervorgerufen! Ich habe eine ganz hundsgemeine Angst vor dem Wiederbeginn der wissenschaftlichen Studien (Uni etc., Lehrproben – brrr).[8] Vor den künstlerischen Fächern habe ich nicht so sehr Angst. Eine ganz große Scheiße!

Über die Einschätzung Haass'[9] meiner *Klavierstücke* freue ich mich sehr – eine kleine Freude. Lemacher[10] scheint diese Ansicht von der angeblichen »Genialität« nicht zu teilen. Eine Sache für Streicher,[11] die mich in einer gewissen Weise schon Herzblut gekostet hat, bezeichnet er in einer ersten Beurteilung mit »sehr eigenwillig, tiefer Ernst, lebendiger Impuls und Drang nach vorwärts«, um dann in einer zweiten Durchsicht »auf Details« die ganze Sache mit »mehr Konglomerat als Komposition« abzutun!!! Da fange nun ein Mensch was mit an. Nun kennst Du ja meine Einstellung gegenüber sogenannten »Beurteilungen« – ich halte nicht viel davon. Die *Inventionen*[12] erfreuten sich zu meiner Zeit herzlichen Nichtverstehens – jetzt entsinnt man sich derselben, nachdem ich nicht mehr da bin und schon wieder längst um andere Komposi-

---

Leiter der Abteilung Musikerziehung der Berliner Musikhochschule.

7   Ernst Gernot Klussmann (1901-1975) war von 1925 bis 1942 Theorielehrer an der Kölner Musikhochschule, von 1942 bis 1950 Direktor der Schule für Musik und Theater in Hamburg und nach ihrer Umwandlung zur Hochschule für Musik deren stellvertretender Direktor. Klussmann war 1938/39 Zimmermanns Lehrer im Partiturspiel.

8   Zimmermann konnte sein Studium erst zum Wintersemester 1942/43 wiederaufnehmen, nachdem er im Herbst 1942 krankheitshalber aus dem Wehrdienst entlassen worden war.

9   Hans Haass (1897-1955) war Professor für Klavier an der Schulmusikabteilung der Kölner Musikhochschule. Von 1938 bis 1947 war er – mit kriegsbedingten Unterbrechungen – Zimmermanns Klavierlehrer an der Hochschule.

10   Heinrich Lemacher (1891-1966) lehrte von 1925 bis 1956 Komposition, Theorie und Musikgeschichte an der Kölner Musikhochschule, seit 1928 als Professor. Außerdem war er als Lektor an der Kölner Universität tätig. Zimmermann studierte bei ihm – mit Unterbrechungen – von 1938 bis 1947 Theorie, Gehörbildung, Formenlehre und Komposition.

11   Im Kriegseinsatz arbeitete Zimmermann 1940 an der Komposition »*La Cathédrale d'Amiens*« / I »*Prélude et Air*« für Sologeige, Bratsche u. Streicher / II *Concertino für Klavier und Streicher*. Das heute nicht mehr vollständig rekonstruierbare Manuskript (Fragment in Familienbesitz) schickte er seinem Lehrer mit folgender Vorrede: »Prof. Lemacher! Posen, den 8. Dezember

tionen blute – Bluten ist der richtige Ausdruck dafür. Dabei ist es zweifelhaft, ob ich immer einen Haass oder Jarnach[13] finde oder einen Maler, die das »Komponierleiden« selber leiden!

Du kannst gar nicht ermessen, in welchem Zustande ich mich jetzt befinde. In mir ist ein großes Nichts, noch nicht einmal Chaos. Das Ding, was ich auf Erden am wenigsten verstehe, bin ich. Fatale Erkenntnis! Ich beginne mich selber auf das Beste zu hassen, und zwar geschieht das in der Weise, daß ich mich in dem Maße hasse, in dem ich mich zu lieben verlerne. Nun ist das nicht etwa so, daß aus dieser Erkenntnis eine *Aktion* resultiert – etwa mit dem Erfolg, daß ich mich wieder zu lieben lerne; nämlich aus der Erwägung: wenn ich aus einer Erkenntnis eine Handlung ableite, so muß in mir notwendig auch ein Wille sein, eben überhaupt eine Handlung zu vollziehn. Aber nein! Ich fühle mich gar nicht veranlaßt zu wollen oder zu handeln. Ich lebe einfach. Aus! Meine ganze Persönlichkeit besteht darin, da zu sein. Banal! Wenn das nicht bald anders wird, werde ich zur Sau. Und dann diese Angst vor einer Bewährung meiner selbst ... Halt! Du wirst schon die Nase voll haben von diesem Jammergeschrei. Also Schluß! Übrigens mußt Du so'nen Quatsch möglichst bald vergessen. Man wird ja auch weich, wenn man drei Monate im Lazarett liegt. Nerventötend so was. Ich frage mich tatsächlich, wieso es kommt, daß ich nie ein Ding, was ich ganz anpackte, zu Ende führen konnte. Immer furzte das, was man so schön Vorsehung nennt, dazwischen. Tragödie der Unvollendeten! »Ich liebe die, welche nicht zu leben wissen, es sei denn als Untergehende, denn es sind die Hinübergehenden...« also sprach Zarathustra![14] Aber für sowas hat die heutige Welt keinen Geschmack mehr. Das Leben ist stärker, elementarer, es ist heilig. Und wie recht hast Du, wenn Du die Menschen zu hassen lernst, sind sie doch nur das furchtbare und gemeine, unlautere Zerrbild des strömenden Lebens. Am Heiligen Abend waren die Brüder besoffen wie die Schweine, und gekotzt haben sie wie ein Reiher – wahrlich eine schöne Weihnachtsfeier! In solcher Lage erscheint einem fast der Suff als der würdigste »modus vivendi«.

Und nun möchte ich so langsam schließen. Erwarten kann ich nichts von mir – eine Änderung nur erhoffen.

1940. Der erste Teil der Musik, den ich in Frankreich teilweise unter dem Eindruck des zerstörten Amiens mit seiner Cathedrale geschrieben habe, möchte ich gerne so bezeichnen – Es ist wohl besser, den zweiten Teil für sich allein bestehend zu lassen. Ich bitte um Ihren Rat und Ihr Urteil. Ihr Schüler A. B. Zimmermann / NB: Die programmatisch erscheinende Bezeichnung des 1. Teiles ist lediglich eine Bezeichnung, die den gegebenen Stimmungsbereich andeuten soll, weiter nichts.« Der Gedanke einer Satzfolge aus Präludium, Arie und bewegtem Finale beschäftigte Zimmermann zu dieser Zeit intensiv, wie eine Vielzahl weiterer Entwürfe und immer wieder revidierter Parti turteile zeigt. Ihre Einlösung mag die Idee im *Streichtrio* und in dessen Bearbeitung, dem *Konzert für Streichorchester*, gefunden haben.

12 Vgl. S. 19, Anmerkung 4.

13 Der Busoni-Schüler Philipp Jarnach (1892–1982) war von 1927 bis 1949 Professor für Komposition an der Staatlichen Hochschule für Musik in Köln, danach Direktor der Musikhochschule in Hamburg. Zimmermann hat ihn zusammen mit Lemacher regelmäßig als seinen Kompositionslehrer genannt, obgleich er nicht offiziell, sondern nur privat bei ihm studierte. In Zimmermanns Studienbüchern findet sich der Name Jarnach an keiner Stelle.

14 Friedrich Nietzsche, *Also sprach Zarathustra* I, »Zarathustra's Vorrede« 4, in: *Werke. Kritische Gesamtausgabe* (KGW), hg. von Giorgio Colli und Mazzino Montinari, Abt. VI, Bd. 1, Berlin 1968, S. 11.

Bestelle an Haass bitte die herzlichsten Grüße – ebenfalls an Stoverock und Klussmann, Maler nicht zu vergessen; weiterhin Beisenherz, Neufeld[15] etc.

Nun alles Gute, altes Haus, und Hals- und Beinbruch. Caramba!

In alter Weise Dein
Aloys!

15 Siehe S. 23, Anmerkung 17.

3   An Katharina und Jakob Zimmermann

Rußland, den 23. August 1941

Liebe Eltern!

Gestern kam das kleine Paketchen mit der Tagescreme (ich besitze jetzt übrigens genug!) und den Süßigkeiten an. Natürlich wie immer große Freude. Solche kleinen Aufmerksamkeiten erfreuen deshalb umso mehr, weil sie zuerst einmal so selten hier sind, und weil sie immer wieder bezeugen, daß Ihr dauernd an uns hier in Rußland denkt – und das ist auch das Maßgebliche. Ihr könnt Euch kaum vorstellen, welches Ereignis jedesmal die Postverteilung hier ist, wo von Kultur und Zivilisation nicht eine Spur anzutreffen ist. Die Dörfer sehen eins wie's andere aus. Dunkle Blockhäuser mit Holz- oder Strohdächern. Das Übrige ist natürlich auch danach.

Das Wetter ist heute ausnahmsweise mal freundlich. Vorgestern, wir hatten gerade Stellungswechsel, goß es, daß wir in kurzer Zeit durch naß waren. Dabei fiel ein Pferd in der Dunkelheit in ein Deckungsloch und mußte herausgegraben werden. Der Regen kümmerte sich natürlich nicht darum, ob wir naß oder trocken waren, sondern goß lustig weiter. Nachdem wir dann endlich nach zwei Stunden Arbeit bei strömendem Regen das Pferd aus dem Loch gezogen hatten, krochen wir in unser Zelt, das übrigens ebenso naß wie wir war, und schliefen dann trotz aller Nässe vor lauter Übermüdung doch sofort ein. Diese Nacht, es war die Nacht vom 21. zum 22. August, werden wir nicht so leicht vergessen. Am 21. mittags beschoß uns der Russe zehn Stunden lang ununterbrochen mit einem derartig wüsten Artilleriefeuer, daß wir während dieser ganzen Zeit nicht den Kopf aus unserem Erdloch rausnehmen konnten. Na – ich dachte bestimmt, daß es Matthäus am letzten gewesen wäre. Die Granatsplitter zischten uns um die Köpfe, daß es nur so eine Art hatte. Die Bäume waren von Einschlägen und Splittern ganz abgesägt. Als es dann dunkel wurde, hieß es Aufsitzen und im Galopp durch das Feuer und über [die] Brücke durch's Dorf, in dessen Nähe wir lagen. Na, aber Unkraut vergeht nicht, und, wie Ihr seht, bin ich noch ganz fidel. Verschiedene Kameraden und eine ganze Reihe Pferde hat es allerdings geschnappt. Gestern und heute haben uns jedoch die Stukas im rollenden Einsatz geholfen, und so geht es heute nach vier Wochen Stellungskrieg wieder weiter nach *Welikije-Luki*[16] Richtung Moskau! Viele Grüße

Aloys!

16 Die knapp 500 km vor Moskau gelegene Stadt wurde im Krieg heftig umkämpft und fast vollständig zerstört.

4 **An Liselotte Neufeld**[17] (fragmentarisch erhalten)

[1944/45][18]

[…] dieser Kulturzersetzung furchtbarster Prägung. Die kulturtragenden Nationen, Deutschland, Frankreich, England, haben selbst den Todeskeim in jahrzehntelanger Zerspaltung durch ihre maßlose Überintellektualisierung und Überkultur entwickelt, der jetzt diesen Organismus verfeinertster Bildung vernichtet. Mit dem Weltkrieg, der in seinem Gefolge den Liberalismus ad absurdum geführt hat, begann dieser Prozeß der Kulturvernichtung, und dieser Krieg ist nur die notwendige Folge dieser inneren Entwicklung: die Katastrophe im Drama. Oder ist es die κάθαρσις [Katharsis], die Läuterung? Ich kann mir nicht vorstellen, daß der Bolschewismus fähig ist, eine neue Kultur aufzubauen! Dieses Element der Zersetzung. Nie! Das kann nur eine positive Weltanschauung!!! Verzeihe dieses zeitgemäße, in Wahrheit so unzeitgemäße Wort. Ist es eine Vorbedeutung, daß Nietzsche, dieser Philosoph des Untergangs und der maßlosen Macht, im Abendlicht der vergangenen Epoche stand, die wir zu Ende tragen und bringen müssen, oder ist es ein Zufall? Hatte Spengler recht?[19]

17 Liselotte Neufeld (1912-1997) nahm – nach Ablegung des Privatmusiklehrer-Examens – 1939 das Studium der Schulmusik an der Kölner Musikhochschule auf. Im Fach Klavier wurde sie dabei, wie Zimmermann, von Hans Haass unterrichtet. Nachdem sie 1941 Klavierstücke Zimmermanns aufgeführt hatte, kam es zunächst zum brieflichen Austausch mit dem noch an der Ostfront eingesetzten Komponisten und 1942, nach Zimmermanns Entlassung aus der Wehrmacht, zum persönlichen Kontakt. Nach Abschluß des Studiums arbeitete Liselotte Neufeld bis zur Pensionierung als Studienrätin in Düsseldorf-Benrath.

18 Die Datierung wurde von Liselotte Neufeld nachträglich ergänzt.

19 Oswald Spengler hatte in seinem zwischen den beiden Weltkriegen überaus populären Werk *Der Untergang des Abendlandes* (1918/1922), gestützt auf eine zyklische Geschichtsbetrachtung, das nahe Ende der abendländischen Kultur angekündigt.

Wer kann diese Fragen beantworten? Manchmal glaube ich, daß wir noch die Gestrigen sind, die die bittere Hefe des Rausches unserer Eltern und Vorfahren bis zur tödlichen Neige trinken müssen…

Doch wozu die unnütze Philosophasterei. Lassen wir das!

– – –

Eigentlich hätte ich gerne den Brief gelesen, den Du »wegen allzu großer Offenheit« nicht abgeschickt hast. Bezog sich diese Offenheit auf Dich selbst oder auf mich? Das hätte ich gerne gewußt. Wahrscheinlich beides.

An meinem Quartett[20] bastele ich noch immer herum. Das ist wohl die konzentrierteste Kompositionsarbeit – und die abstrakteste. Du weißt, wie lange und wie mühsam ich an meinen Stücken arbeite – Schwerstarbeit. Manchmal frage ich mich, ist das noch schaffen oder murksen. Aber ich muß! Und der herrliche Augenblick, wenn das Werk fertig ist… Und dann weiß ich oft nicht, ob ich mich freuen soll ob dieses Ringens um jeden Ton, um die Verantwortung um jede Note, oder ob ich traurig sein soll ob meiner schweren Art! Ja, Mozart, Schubert, Wolf und alle arbeiteten mit einer göttlichen Leichtigkeit. Das waren Begnadete. Wie arm und kümmerlich komme ich mir dagegen vor. Doch was will ich gegen solche? Und trotzdem läßt es mich nicht los, trotzdem versuche ich immer wieder, das auszudrücken, wonach ich strebe. Was mich treibt, ich weiß es nicht. Gewiß, ich komponiere nicht für mich. Ich will gewiß gehört werden. Und doch ist es nicht der Ruhm, der mich treibt. Ach Gott, der Ruhm – Nein! Mich selbst zu komponieren, dafür halte ich mich zu unbedeutend. Du weißt, daß das keine Phrase ist. Ich glaube nicht, daß es viele Menschen gibt, die sich selbst so sehr hassen, sich selbst aber auch so wenig entfliehen können wie ich. Ich bin nicht für mich gemacht; für andere bin ich auch nicht gemacht. Mich suche ich – und suche den Anderen um jeden Preis. Elende Unvollkommenheit und Schwäche! Aber ich muß den Anderen haben. Dieser verfluchte Egoismus, der uns nie verläßt. Früher habe ich mal geglaubt, daß ich reifen könne. Heute stelle ich nur fest, daß ich immer unreifer werde, unfertiger. *Komponieren ist abreagieren*!!! Alle Schaffenden schaffen aus Selbsterhaltungstrieb; sie würden es nicht aushalten ohne das. Ich beneide die Nachschaffenden, die

20 Vermutlich bezieht sich die Äußerung auf ein nicht zu Ende geführtes Projekt. In Familienbesitz hat sich das Manuskript eines Streichquartettsatzes mit der Überschrift »I. Satz / Adagio molto« erhalten, dessen Anfang enge Beziehungen zur Schlußgruppe der »Introduktion« des *Streichtrios* aufweist.

Interpreten – aber auch sie sind unvollkommen, sie fälschen, sie höhlen die Werke aus. Es spielt nicht Gieseking Beethoven. Nein! Gieseking spielt sich selbst. Und doch; ich gäbe etwas drum, wenn ich ein Interpret wäre. Aber auch das befriedigt nicht. Weißt Du einen Ausweg? – Wir sind alle Menschen – – –

24⁰⁰ Uhr! Eine Stimme singt im Radio »O, Piccolino, spiele mir Dein kleines Lied...«[21] Ich habe plötzlich wieder diesen unersättlichen Lebenshunger der letzten Tage. »Die Welt gehört nur der Liebe...« Ich muß Schluß machen. Nachts soll man nicht schreiben... Herzliche Grüße in Freundschaft

Bernd

21 *Piccolino* (»Piccolino, spiele uns Dein kleines Lied«) heißt ein Schlager von Ralph Maria Siegel (1911-1972) aus dem Jahr 1939.

N.B. Am liebsten wäre es mir, daß Du diesen Brief verbrennst. Übrigens ist Detmold zu weit. Man darf ja nur 100 km fahren. Du brauchst also wegen der »Tasten« keine Angst zu haben. Gute Nacht!

5 An Liselotte Neufeld

Köln, den 30. Januar 1946

Liebe Liselotte!

Für Deine Karte recht herzlichen Dank. Ich freue mich sehr, daß Du den unseligen Krieg gut überstanden hast und sogar noch, welch seltenes Glück, im Besitze Deiner Wohnung und Deines Eigentums bist. Was mich anbetrifft, so ist es mir – trotz allem – noch aufs Ganze gesehen gut ergangen. Gesundheitlich bin ich zwar aus mehreren Gründen nicht ganz auf der Höhe, und ansonsten kann man sich einen Menschen glücklicher vorstellen, als ich es bin, aber es geht, und darum bin ich auch in dieser Hinsicht zufrieden. (Ein seltenes Wort bei mir.) In meinen »Personalangelegenheiten« hat sich insoweit etwas verändert, indem ich nämlich verlobt bin, d.h. genauer gesagt verlobt worden bin.[22] Es ließ sich nicht vermeiden, was keine Entschuldigung Dir gegenüber und noch weniger mir gegenüber sein soll – was bitte richtig aufzufassen ist.

22 Siehe »Tagebuch«, S. 41 ff.

23 Nach Schließung der Kölner Musikhochschule war Zimmermann Anfang 1945 nach Berlin übergesiedelt, um seine Studien an der Friedrich-Wilhelms-Universität fortzusetzen. Er nahm Wohnung im Bezirk Grunewald, Dachsberg 10.

24 Ernst Bertram (1884-1957), der während seines Studiums mit dem George-Kreis in enge Berührung gekommen war, übernahm 1922 eine Professur für neuere deutsche Sprache und Literatur an der Kölner Universität. Da er 1933 die Bücherverbrennung befürwortet hatte, wurde er 1946 seines Amtes enthoben. 1950 erfolgte die Emeritierung. Im Rahmen seines Nebenfachstudiums hörte Zimmermann zwischen 1943 und 1946 regelmäßig bei Bertram.

25 Gemeint ist die *Sinfonia prosodica*, die Zimmermann »Den gefallenen Studenten der Kölner Hochschulen zugeeignet« hat. Das thematische Material des Werkes läßt sich zurückverfolgen bis zu einer um 1939/40 entstandenen Partitur mit dem Titel *Heroische Prosodie* (Manuskript und Entwürfe in Familienbesitz).

26 Günter Wand (geb. 1912) war von 1946 bis 1974 Generalmusikdirektor und Gürzenich-Kapellmeister in Köln. Er gehörte zu den ersten Interpreten, die sich nachhaltig für das Schaffen Zimmermanns einsetzten, und brachte das *Konzert für Orchester* (1947) und die Goethe-Kantate *Lob der Torheit* (1948) zur Uraufführung. 1957 machte Zimmermann »dem hochverehrten Interpreten, Lehrer und Menschen« das Manuskript der zweiten Fassung der *Sinfonie in einem Satz* zum Hochzeitsgeschenk. Den Werken, die Zimmermann ab Ende der fünfziger Jahre schuf, stand Wand skeptisch gegenüber, weil sie ihm nur

Aus Berlin bin ich damals noch heil heraus gekommen.[23] Das Examen hatte ich nicht gemacht, weil ich vorher abgehauen bin. Ich werde anscheinend überhaupt nicht fertig in meinem Leben. Aber jetzt will ich unbedingt das Schulmusikexamen machen, egal wie. Allerdings herrschen über die Form, in der die Schulmusik weiter- oder nicht weiterexistieren soll, die tollsten Meinungen, ohne daß es (typisch für die jetzigen Verhältnisse) zu einem Resultat kommt – und so ist die Hochschule noch immer geschlossen. Nitschewo!

Im Moment mache ich Deutsch bei Bertram,[24] und ich muß sagen, daß ich jetzt erst etwas von ihm habe. Du siehst, Verstand kommt nicht vor Jahren. Der Mann weiß ja unheimlich viel und ist so naiv, dasselbe zu einem Bruchteil auch von seinen Studenten anzunehmen, was auf diese umgerechnet immer noch zu viel ist. Im Prinzip ist seine Methode natürlich richtig. Mittelhochdeutsch ist etwas Fürchterliches. Aber ich muß mich ja einmal damit auseinandersetzen, da ich das Nebenfach ja nun doch machen muß, nachdem es mir vor Jahresfrist wegen Kriegsteilnahme erlassen wurde. Schöne Schweinerei!

Seit dem Einmarsch der »kulturbringenden« Amerikaner habe ich eine *Symphonie*[25] geschrieben, die im November vergangenen Jahres fertig instrumentiert war. Günter Wand,[26] der jetzige Generalmusikdirektor und Nachfolger Papstens,[27] will das Scherzo der *Symphonie* in einem Gürzenich-Konzert im April spielen.[28] Die ganze *Symphonie* ist ihm wahrscheinlich zu riskant, was er natürlich unter irgendwelchen anderen Argumenten, die nicht stichhaltig sind, verbirgt.[29] Für mich ist das natürlich ein aufreibender Kampf; denn ich glaube bestimmt, daß die *Symphonie* was wert ist, und was da drin an Herzblut und Arbeit und Persönlichkeit steckt, das wird sich auch einmal durchsetzen. Das Schwierigste ist wohl meine »Unbekanntheit«, und Lemacher, der der einzige von der alten Professur ist, kann oder darf (aus taktischen Gründen) nicht so viel wie früher für mich tun. Zudem komponieren diese Leute ja alle selber und sind zumeist selbst um Aufführungen verlegen. Rein finanziell gesehen hat mich die Abschrift der Partitur[30] (die *Symphonie* dauert 40 Minuten) und die Herstellung der Stimmen 1635,50 M gekostet, die bei einem Mißerfolg nicht gedeckt werden können etc. etc. etc. Doch genug davon. Ich lasse jetzt Abzüge meiner *Klavierstücke* drucken,[31] von denen das Exemplar allerdings 5 M kostet. Wenn Du in Deinem Bekanntenkreis Interessenten dafür findest, so würde ich diese Tatsache begrüßen. Ich hoffe, daß ich Dir ein Exemplar der *Klavierstücke* und der *Lieder*[32] (natürlich *ohne* Bezahlung) bald schicken kann.

Haass hat noch immer Spielverbot von den Engländern. Er ist sehr alt und schmal und grau geworden. Ich bin mit ihm jetzt in näherem Kontakt. Bestelle bitte viele Grüße an Natermann. Übrigens spielt Tinny Wirtz[33] (Anwander)[34] demnächst meine Stücke. Termin unbekannt. Was macht Deine Arbeit? Und wie geht es Dir? Schreibe bitte. Ich wohne wieder in meiner alten Wohnung Zülpicherstr. 369 (bei Breuer). Besuche mich mal, wenn Du nach Köln kommst. Ich würde mich freuen. Benachrichtige mich jedoch bitte rechtzeitig. Mit vielen Grüßen

Bernd

6   An Tiny Wirtz[35]

Köln, den 12. Juni 1946

Liebe Tinny!

da unsere heutige Unterredung infolge der besonderen Umstände der Theaterveranstaltung (sprich Oper) nur sehr unvollständig war, wirst Du mir die Ausführlichkeit dieses Briefes verzeihen – oder nicht? Was Deinen letzten Klavierabend[36] anbetrifft, so sage ich Dir keine leere Schmeichelei, wenn ich ihn für ausgezeichnet und hervorragend besonders in der konstruktiven Interpretation des jeweiligen Werkstiles (d.h. des jeweiligen Komponisten) halte. Ganz besonders trifft dies auf den *Mozart*, die *Franzosen* (besonders Daquin und Couperin) und auf *César Franck* zu, den ich selbst von Cortot nicht so klar und überzeugend in der konstruktiven Darstellung des formalen, thematischen Aufbaus gehört habe – und das besagt schon sehr viel. Ich sagte Dir schon, daß ich mit Haass zwei Stunden lang Deinen Klavierabend sehr einge-

unter partieller Preisgabe kapellmeisterlichen Verantwortungsbewußtseins realisierbar schienen.

27 Eugen Papst (1886-1956) war von 1936 bis 1944 Generalmusikdirektor in Köln.

28 Das Scherzo aus der *Sinfonia prosodica* wurde unter dem Titel *Scherzo sinfonico* im 13. Konzert des Gürzenich-Orchesters am 6./7. Mai 1946 in der Aula der Kölner Universität unter Günter Wand uraufgeführt.

29 Vgl. Tagebucheintrag vom 13. Dezember 1945, S. 74.

30 Diese Abschrift des dreisätzigen Werkes zerlegte Zimmermann später in zwei Teile. Auf diese Weise wurde aus dem ersten Satz ein *Symphonisches Vorspiel*, während das Scherzo, aus dem Zimmermann das Intermezzo als selbständigen Satz herauslöste, und der Finalsatz den Titel *Drei Stücke für Orchester* erhielten.

31 Zimmermann ließ von der definitiven Fassung von *Extemporale* eine Reinschrift auf Transparenten anfertigen, von der dann Lichtpausen hergestellt wurden.

32 Auch von den zwischen 1942 und 1946 entstandenen *Fünf Liedern* nach Texten von Harald Gloth, Nietzsche, Rilke und Li-Tei-Pe hat Zimmermann in gleicher Weise Abzüge herstellen lassen.

33 Tiny (Tinny) Wirtz war zunächst Privatschülerin von Hans Anwander. Noch bevor sie von 1946 bis 1948 bei ihm an der Kölner Musikhochschule studierte, trat sie als Solistin mit dem Gürzenich-Orchester unter Günter Wand auf. 1955 bis 1957 nahm sie weiterführenden Unterricht bei Marguerite Long in Paris. Ab 1963 lehrte sie an der Musikhochschule Köln. Sie lernte Zimmermann Anfang 1946 durch Heinrich Lemacher kennen und

hend besprochen habe, und daß Haass sich *sehr, sehr* für Dich interessiert. Daß er hier und da einiges zu bemängeln hat, ist aus mehreren Gründen leicht erklärlich und gehört ja auch nicht hierhin. Sieh mal, das Wichtige ist, daß er Dich *sehr, sehr* schätzt – und das heißt bei Haass wirklich schon alles. Daß Ihr (Du und Haass) Interpreten ganz eigener Gesetzlichkeit seid, weißt Du selbst am besten, und doch gibt es bei Euch beiden einige Dinge sehr wichtiger auffassungsmäßiger Art, die sich entsprechen. (Versprich mir bitte, diese Dinge ganz privat für Dich zu behalten. Bitte!) Am deutlichsten habe ich das bemerkt, als Haass mir in meiner letzten Stunde bei ihm in der vergangenen Woche einige Stücke Deines letzten Programms und einige moderne Stücke vorspielte. Doch jetzt genug darüber.

In der Kritik von Berger[37] stand der merkwürdige Satz von der Erschütterung der Hörer oder vielmehr vom Gegenteil. Ich möchte dazu nur das Eine sagen, daß der Mann gar nicht das Eigentümliche Deines Musizierstiles, der gerade in der distanzierten, d.h. gefühlsdistanzierten Klarheit und Reinheit der Auffassung besteht, begriffen hat; denn er bemängelt gerade das, was unserer, wenigstens meiner Musikauffassung (und nicht nur meiner) nach, die *Stärke und den Wert Deiner Begabung ausmacht*, nämlich eben die *unsentimentale, werkgerechte und intuitive Erfassung des thematischen und formalen Aufbaus eines Stückes*. Gottseidank, daß wir nicht mehr mit Sentiment »erschüttert« werden. Zudem sind wir durch die elende Zeit, in der wir leider leben, genug erschüttert, um noch überflüssigerweise im Konzert bis zum seelischen Ruin zermürbt zu werden. Nein! Die Musik soll uns *Kraft, Mut und Stärke* geben – *und ein Erlebnis*. Und das ist Dein Spiel!!!

Was heißt überhaupt erschüttern? Unsere Zeit ist durch soviel Erschütterungen gegangen, daß es ein Überflüssiges ist, das nun auch noch von der Musik zu verlangen. Wir wollen eine objektive Musik. Das schließt nicht aus, daß auch unsere heutige Musizierauffassung Gefühlsinhalte interpretiert. Wir verlangen heute *mehr* vom Kunstwerk als nur Gefühl, und was uns in der Tiefe unserer Seele erschüttert, das kann sich natürlich im Kunstwerk nicht verleugnen. Es ist jedoch nicht der Zweck des Kunstwerkes, und es ist geradezu absurd, diese Seite einer Komposition besonders hervorzuheben. Was ich in

---

gehörte zu den ersten Interpreten, die sich konsequent für sein Schaffen einsetzten. Vgl. Tiny Wirtz, »Erinnerungen an Bernd Alois Zimmermann«, in: *Musica* 49 (1995), S. 224-226.

34 Hans Anwander (1897-1974) erhielt seine pianistische Ausbildung durch Peter Dahm. Nach Anfängen als Privatmusiklehrer, unterrichtete er ab 1940 an der Rheinischen Musikschule, ab 1946 an der Kölner Musikhochschule.

35 Bereits veröffentlicht in: Wilfried Brennecke, »Komponist und Interpret. Ein Brief von B.A. Zimmermann an Tiny Wirtz«, in: *Musica* 38 (1984), S. 323-330.

36 Tiny Wirtz hatte am 1. Juni 1946 im Hörsaal IV der Kölner Universität ein Konzert mit Werken von Beethoven, Mozart, Rameau, Couperin, Daquin, Franck, Chopin, Liszt und Smetana gegeben.

37 Friedrich Berger hatte den Klavierabend von Tiny Wirtz in der *Kölnischen Rundschau* vom 4. Juni 1946 besprochen.

einem Stück an Gefühlsinhalt hineingelegt habe, trägt sich in der Ganzheit des Werkes erst im Zusammenhang mit den wesentlichen anderen stilistischen Mitteln vor, und von dort aus kann man nur einem Stück gehaltlich gerecht werden. Aber es ist so, daß die Mehrzahl der Hörer und leider auch der sogenannten »gebildeten Hörer« noch viel zu sehr unter den Nachwirkungen der romantischen Interpretation stehen, die fast nur mit gefühlsmäßig bedingten Darstellungen operierte und aus dieser bei Gott allerpersönlichsten Sache einen Gefühlsmarkt (gewissermaßen) machte, der in seiner Subjektivität so kraß wurde, daß sich die darauffolgende Zeit ebenso kraß dagegen gewendet hat. Gewiß, wir sind uns darüber im klaren, daß der Pianist nicht nur ein Tastenbeweger oder Notenautomat ist, aber wir sind uns auch darüber im klaren, wo die Grenze des echten Gefühls liegt und wo die Gestaltung anfängt. Was Dich anbetrifft, so mußt Du es verstehen, aus all den richtigen und unrichtigen Urteilen über und gegen Dich das Passende herauszuwählen. Vor allen Dingen mußt Du über den Unsinn, der gerade bei solchen Leistungen wie Unkraut aus dem Boden schießt, zur Tagesordnung übergehen können. (Was mir alles über mein *Scherzo sinfonico*[38] erzählt worden ist, geht auf keine Kuhhaut.) Ich weiß, wie sehr ein unzutreffendes Urteil weh tut. Nicht weil etwas gegen die Person gesagt wurde, nein! weil es eben unzutreffend ist. Es ist ja so, daß man als Musiker eigentlich viel zu feinempfindend ist, als daß man einfach über solche Dinge hinweggehen könnte wie andere. Dir wird es wahrscheinlich auch nicht anders ergehen. Glaube mir, bei solchen Anlässen hilft nur Eines: das feste Vertrauen auf die eigene Begabung, und diese Begabung ist bei Dir in einer fast gottbegnadeten Stärke vorhanden, so daß man angesichts eines solchen Phänomens nur staunend bewundern kann. Aber das weißt Du auch alles selbst; und wenn ich Dir das jetzt alles schreibe, so aus dem Grunde, weil ich Dir das nicht im Beisein von anderen sagen möchte, wofür Du sicher Verständnis haben wirst. Nachdem Du damals meine Stücke so einmalig uraufgeführt hast[39] und jetzt schon wieder die Volksliedbearbeitungen[40] in Dein neues Programm aufgenommen hast, ist es mir wirklich ein Bedürfnis, Dir dafür zu danken. Nicht nur aus dem Grunde, weil Du die Stücke so hervorragend gespielt hast, sondern weil Du nur

38 Siehe S. 27, Anmerkung 28.

39 Tiny Wirtz hatte die definitive Fassung von *Extemporale* in einem Konzert am 12. April 1946 im Hörsaal IV der Kölner Universität uraufgeführt.

40 Gemeint ist das *Capriccio* von 1946, das bis zur Drucklegung im Jahr 1950 den Titel *Vademecum* trug. Das Werk erklang, gespielt von Tiny Wirtz, erstmals in einem Privatkonzert am 12. Juli 1946 im Haus von Peter Heinz Werhahn (1913-1996). Die Uraufführung erfolgte in einem Konzert anläßlich der Wanderausstellung »Junge Künstler im Erft-Land« in Bergheim am 28. Juli 1946, wiederum mit Tiny Wirtz.

allein durch die Tatsache, *daß* Du sie gespielt hast, den Wert des bescheidenen Werkes anerkannt hast. Und das ist für mich die schönste Freude. Deshalb möchte ich Dir zu den Kompositionen von Dr. Sabel nur den einen Rat geben: lasse *Dein Urteil* den Ausschlag über das Stück geben![41] Was die Aufführung in Bergheim und vor allen Dingen in Euskirchen anbetrifft,[42] so würdest Du mir (wenn es für Dich überhaupt möglich ist) einen großen Dienst mit Deiner Zusage erweisen. Ich werde bei Fischer[43] auf der Mitwirkung von Fräulein Janz[44] bestehen, so daß Du eine annähernd ebenbürtige Partnerin hast. Bei der Aufführung soll auch für den Komponisten einmal etwas herauskommen, und ich habe es leider Gottes nötig. Es ist mir an und für sich peinlich, darüber zu sprechen; aber ich habe es Dir damals geschildert, und Du wirst sicher Verständnis dafür haben. Du kannst Dir kaum vorstellen, mit welchen finanziellen Schwierigkeiten ich zu kämpfen habe, und kein Mensch will seltsamerweise etwas für die Kompositionen bezahlen. Ist denn die Arbeit des Komponisten *so* wertlos? Glaube mir, es ist machmal sehr demütigend und deprimierend, und man könnte oft den ganzen Mut und das Vertrauen zur Arbeit verlieren, wenn man sieht, daß man keinen Heller für seine Arbeit bekommt. Dabei ist das Vervielfältigen und Abschreiben der Kompositionen eine sehr kostspielige Angelegenheit, deren Unkosten durch die Aufführungen nicht gedeckt werden können, weil man eben nichts bekommt. Doch genug darüber. Darf ich Dich bitten, mir zuliebe in Euskirchen und Bergheim zu spielen? Oder ist diese Bitte sehr unbescheiden? Du kannst Dir vorstellen, was dieses an und für sich nicht große Konzert für mich bedeutet. Zum endlichen Schluß sei mir nicht böse, daß ich Deine Zeit durch meine Zeilen so in Anspruch genommen habe. Überlege Dir die Sache mit Bergheim und mit dem Namenstag von Prof. Lemacher einmal, und gib mir gelegentlich einmal Nachricht, ja? Für Bonn[45] halte ich beide Daumen! Mit vielen herzlichen Grüßen an Deine lieben Eltern, besonders aber an Dich
                Dein Bernd Zimmermann

NB. Vielleicht komme ich mit nach Bonn. Ich würde das Programm gerne nochmal hören. Nochmals herzliche Grüße
                Bernd

---

41 Hans Sabel (geb. 1912) studierte von 1932 bis 1941 in Köln. 1946 war er als Schulmusiker in Bergheim tätig. Ab 1953 lehrte er an der Pädagogischen Hochschule in Trier. Von Sabel wurden in dem genannten Konzert in Bergheim *Psalm 90* für Stimme, Violine und Klavier und *Dorische Sonate* für Violine und Klavier aufgeführt, jedoch nicht mit Tiny Wirtz.

42 Zur Aufführung in Bergheim siehe S. 29, Anmerkung 40; die geplante Aufführung in Euskirchen kam nicht zustande.

43 Johannes Fischer war der Organisator der Ausstellung »Junge Künstler im Erft-Land«, bei deren Eröffnung das genannte Konzert in Bergheim stattfand.

44 Auf dem Programm des Bergheimer Konzertes standen auch zwei Lieder Zimmermanns. Sie wurden jedoch nicht von der an der Kölner Oper engagierten Altistin Margot Janz, sondern von der Sopranistin Marlies Blicker gesungen.

45 In Bonn wurde das auf S. 28, in Anmerkung 36 genannte Konzert am 22. Juni 1946 wiederholt.

7   An Liselotte Neufeld

Bliesheim, den 23. September 1946

Liebe Freundin Liselotte!

Dein Brief vom 12. 9. war vom musikalischen Standpunkt aus betrachtet sehr reizvoll. Er war gewissermaßen im doppelten Kontrapunkt angelegt, was nicht nur heißen soll, daß er beispielsweise teilweise umgekehrt angewendet werden konnte – und immer noch stimmte – sondern auch, genau wie der doppelte Kontrapunkt, einen doppelten Boden hatte: er bestand nämlich aus zwei Briefen. Nicht wahr? Einer war zwischen den Zeilen geschrieben. Trotz dieser zwei Briefe war er noch unvollständig, indem er auf bestimmte Dinge gar nicht einging. Ein Monstrum also? – Doch nun sei zuerst einmal für Deinen reizvollen Brief (mit Inhalt) bedankt. Im übrigen gratuliere ich Dir dazu, daß Du in den Genuß einer Schreibmaschine gekommen bist. (Schauerte[46] hat übrigens auch eine – gewissermaßen als notwendiges Supplement zu seinem akademischen Dienstgrad!)

Mit Schroeder[47] habe ich über Dich gesprochen. Er ist gerne bereit, mit Dir zu arbeiten. Vielleicht schreibst Du ihm gelegentlich mal, um mit ihm einen Zeitpunkt zu vereinbaren.

Was mich anbetrifft, so bin ich wieder mal für mehrere Wochen krank gewesen. Trotzdem habe ich etwas komponieren können: sogar drei Lieder nach Texten von Ernst Bertram.[48] Wunderschöne Verse, sage ich Dir, die ich dem Alten nie zugetraut hätte. Ansonsten arbeite ich im Moment an einem *Konzert für Orchester*.[49] Es fällt mir sogar wieder, wie früher, etwas ein, worüber ich sehr glücklich bin. (Infolge der körperlichen und geistigen Verfassung der letzten Zeit war mit mir wirklich nichts mehr los, was durchaus nicht zur Steigerung meines »Wohlbefindens« beitrug.) Also Arbeit genug – nur nicht an dem, wofür ich zuallererst etwas tun müßte, nämlich für das Examen. Aber schmiede den Einfall, solange er warm ist. Ein gütiger Gott wird mich schon durch's Examen schleusen. Kannst Du mir keinen Tip für meine Arbeit über die neue Klaviermusik[50] geben? Im Moment lese ich Hindemiths *Unterweisung im Tonsatz*. Das Buch ist sehr inter-

46 Karl Otto Schauerte (1916-1983) studierte gleichzeitig mit Zimmermann bei Heinrich Lemacher an der Kölner Musikhochschule. Ab 1957 war er Direktor des Städtischen Konservatoriums in Duisburg.

47 Hermann Schroeder (1904-1984) war ab 1946 Professor an der Kölner Musikhochschule, später deren Stellvertretender Direktor.

48 *Drei geistliche Lieder* nach Worten von Ernst Bertram für mittlere Singstimme und Klavierbegleitung. Die Titel der drei Lieder heißen *Altdeutsches Bild*, *Altkölnischer Meister* und *Abendglocke*. Die Gedichte, die dem ersten und dritten Lied zugrundeliegen, sind dem Band *Straßburg. Ein Gedichtkreis*, Leipzig 1928, S. 89 bzw. S. 41, entnommen; das zweite Lied basiert auf einem Gedicht aus *Der Rhein. Ein Gedenkbuch*, München 1922, S. 108.

49 Gemeint ist die erste, fünfsätzige Fassung des *Konzerts für Orchester*.

50 Zimmermanns Examensarbeit trug den Titel *Klaviermusik nach 1900 im Unterricht der höheren Schulen mit besonderer Berücksichtigung der neuen Klaviermusik*. Anschließend befaßte sich Zimmermann mit einem Dissertationsprojekt *Überblick über die historische Entwicklung der Klavierfuge*, das jedoch nicht zum Abschluß kam.

essant geschrieben. Die Gründe für die neue Musik lassen sich aber nach meinem Dafürhalten jetzt noch nicht endgültig darlegen. Zudem bin ich der Akustik gegenüber immer sehr skeptisch gewesen, und es will mir nicht passen, daß die neuen Klänge ausgerechnet akustisch »bewiesen« sind. Natürlich ist die Parallelität der neuen Musik mit der akustischen Ableitung, wie Hindemith sie gibt, sehr verblüffend. Aber damit hat man lediglich »bewiesen«, daß die neue Musik akustisch zu vertreten ist, gewissermaßen obertonbedingt ist. Die Frage der künstlerisch-ästhethischen (ich glaube ästhetisch wird so geschrieben, oder nicht?) Begründung ist damit noch immer nicht beantwortet – und das kann sie jetzt eben noch nicht, jedenfalls wissenschaftlich nicht. Sie kann eben nur wieder mit Musik bewiesen werden, und das ist sie eben auch noch nicht – trotz Hindemith. Es fehlt unserer neuen Musik an Klassik. Haben wir ein einziges Werk etwa der Bedeutung der *Neunten* aufzuweisen? Bruckner und Brahms waren die bisher letzten Klassiker. Pfitzner, Reger, Strauss sind es schon nicht mehr und Strawinsky und Hindemith auch nicht. Oder empfindest Du die Situation anders? Vielleicht bin ich zu anspruchsvoll –

Im übrigen hatte ich eine genauere Stellungnahme zu meiner »bedeutenden« neuen Musik erwartet, besonders zu dem *Vademecum*. Aber Du hast jetzt Examenssorgen. Wieviel Examen muß man eigentlich in Deutschland und in der Schulmusik ablegen, um endlich mal mit Ruhe arbeiten zu können.

Wenn Du übrigens etwas von Bartók, Jarnach etc. an Klaviermusik hast, so wäre ich Dir für die zeitweilige Überlassung dieser Stücke sowie theoretischer Werke über die neue Musik sehr dankbar. Sehr anspruchsvoll, nicht wahr?

In Deutsch tue ich im Moment gar nichts. D.h., wenn Du das Durchlesen sämtlicher gedruckten Gedichte Bertrams, die mir Kegelberg,[51] der mit dem Alten sehr dick befreundet ist, geliehen hat, ausnimmst. Die Gedichte sind z.T. herrlich und schön. Der Bertram ist wirklich wert, komponiert zu werden. Ich wundere mich, daß sich noch kein Komponist darauf gestürzt hat. Hugo Wolf hätte es beispielsweise. Ich selbst habe mir mindestens zwanzig Gedichte aufs Korn genommen. (Man hat zu wenig Zeit und zuviel anderes, um sich der Komponiererei ungestört widmen zu können.)

Schroeder ist sehr begabt – und jung. Die Arbeit bei ihm

51 Otto Kegelberg (geb. 1910) studierte in Köln Musik und Germanistik bei Ernst Bertram. Er unterrichtete ab 1934 am Kölner Schiller-Gymnasium, und nach dessen Zerstörung im Krieg am Apostel-Gymnasium. An den Kölner Hochschulkonzerten wirkte er gelegentlich als Bariton mit. Als die britische Militärregierung die Bibliothek Bertrams zu beschlagnahmen beabsichtigte, versteckte Kegelberg die Bücher in seinem Keller.

ist sehr intensiv und anregend und interessant. Er stammt übrigens nicht aus Krefeld, sondern von der Mosel und hat eine tolle Frau. In Krefeld wird übrigens im Februar nächsten Jahres mein *Scherzo sinfonico* aufgeführt.⁵² Der Rundfunk Köln überträgt das *Scherzo* nochmals am 13. Oktober im Nachmittagssymphoniekonzert. In der Hoffnung, bald wieder von Dir zu hören, grüßt Dich herzlichst

Bernd

8   An Liselotte Neufeld

Köln, den 17. März 1947

Liebe Liselotte!

Du wirst Dich wahrscheinlich schon sehr gewundert haben, daß ich so lange stumm war. Aber es gab infolge des Examens allerhand Arbeit. Doch das liegt nun Gott sei Dank hinter mir.⁵³ Obwohl ich nicht mit »Sehr gut« bestanden habe, bin ich doch als Bester von den sieben Kandidaten durchs Ziel gegangen. Mit mir erhielten noch drei Kandidaten eine 2, während die anderen drei eine 3 bekamen. Meine Arbeit über die neue Klaviermusik wurde mit Auszeichnung bewertet und soll demnächst im Druck erscheinen, quod est demonstrandum. Im Wahlfach Komposition erhielt ich erwartungsgemäß eine 1. In Klavier sogar eine 2, und in Gesang – höre und staune – eine 3+. Zum Ergötzen der Examenskommission sang ich »Aus meinen Tränen sprießen viel blühende Blumen hervor« (Schumann)⁵⁴ und aus dem *Don Juan* »Keine Ruh' bei Tag und Nacht.«⁵⁵ Das muß ein Fressen gewesen sein. Doch nun genug über das Examen. Übrigens hatte ich eine nicht ganz einfache Klausur für die Prüfung im Wahlfach Komposition. Die Uraufführung der *Symphonie* in Krefeld ist auf Grund der Kohlenverhältnisse bis Juni verschoben worden.⁵⁶ Sobald ich den genauen Termin weiß, werde ich Dir Nachricht geben.⁵⁷ Weißt Du, allzu optimistisch bin ich nicht in punkto Uraufführung. Der Dirigent ist noch sehr jung – und unerfahren.⁵⁸ Das Orchester ist nicht das Berliner Philharmonische Orche-

52 In Krefeld wurde die vollständige *Sinfonia prosodica* – allerdings erst am 18. Juli 1947 – vom Städtischen Orchester unter Leitung von Franz Paul Decker uraufgeführt.

53 Zimmermann absolvierte die »Prüfung für das künstlerische Lehramt in den künstlerischen Fächern (Musik)« vom 10. bis 13. Februar 1947.

54 *Dichterliebe* op. 48, Nr. 2.

55 Mozart, *Don Giovanni*, I. Akt, Nr. 1, Introduzione »Notte e giorno faticar«, aus der Zimmermann wohl den Eröffnungsteil sang.

56 Siehe auf dieser Seite Anmerkung 52.

57 Liselotte Neufeld wohnte der Uraufführung des Werkes bei, das laut einer Aufzeichnung von 1971 bei ihr »jedoch keinen anderen Eindruck hinterließ als den eines riesig aufgeblähten Konglomerats aus ich weiß nicht wie vielen Elementen. Es war ein wagnerisch, brucknerisch, brahmsisch, mit Dissonanzen durchsetztes Opus. Nichts von der klaren und durchsichtigen Formschönheit der ersten Klavierstücke...«

58 Franz Paul Decker (geb. 1923) war von 1946 bis 1950 Städtischer Musikdirektor in Krefeld, anschließend 1. Kapellmeister und Städtischer Musikdirektor in Wiesbaden und von 1956 bis 1964 Generalmusikdirektor in Bochum. Später leitete er verschiedene Orchester in Übersee.

ster. Doch wir wollen nicht im voraus unken. Sehr gespannt bin ich auf die Uraufführung meines *Konzerts für Orchester* durch Günter Wand, auch im Juni. Die Uraufführung soll in einer Woche zeitgenössischer Musik zusammen mit Strawinskys *Symphonie* 1946, Hindemiths *Symphonie in Es*, Jean Françaix etc. [stattfinden].[59] Also schwere Konkurrenz! Von dem Konzert erwarte ich viel. Ich würde mich sehr freuen, wenn Du dort anwesend wärest. Es ist ja auf die Dauer fast zermürbend, wenn man ein Stück fertig im Schreibtisch liegen hat und muß auf die Uraufführung warten. Doch wer ausharrt, wird gekrönt. Dich wird es sicherlich interessieren, was ich jetzt vorhabe. Tja – wohl oder übel zuerst mal das schöne Nebenfach machen und dann weitersehen. Vielleicht sind wir bis dahin längst verhungert, erfroren oder durch Atomexperimente einer Handvoll verrückt gewordener Wissenschaftler – eben in Atome zerrissen.

Wie fühlst Du Dich als wohlbestallte Assesorin? (Ich bin so »höflich« und erzähle zuerst meinen Kram, um dann Deiner zu gedenken. Unverbesserlich!) Wie ich gehört habe, ist Natermann durch Stoverock nach Detmold berufen worden. Wie ist es eigentlich mit Deinen »Schroeder-Plänen«? Der Schroeder hat übrigens eine tolle Frau: extravagant, mondän, verwöhnt etc. Der arme Hermann kommt daher leider nicht zum Komponieren (!) Aber alles, wie gesagt, »On dit«. Was macht das Komponieren, das Klavierspielen und was die Liebe, wenn man fragen darf? Kommst Du bald noch mal nach Köln? Für diesmal muß ich schließen.

Viele Grüße und sei nicht böse, daß ich so lange nichts von mir hören ließ.

Bernd

[59] Die Uraufführung der ersten Fassung des *Konzerts für Orchester* fand erst am 22. September 1947 im Rahmen des 1. Konzerts des Gürzenich-Orchesters in der Spielzeit 1947/48 in der Aula der Kölner Universität unter der Leitung von Günter Wand statt. Auf dem Programm standen weiter Ravels *Klavierkonzert für die linke Hand* und die *Fünfte Symphonie* von Tschaikowsky.

9 An Liselotte Neufeld

Köln, den 29. April 1947

Liebe Liselotte!

Für Deine Zeilen recht herzlichen Dank. Sei mir nicht böse, daß ich nicht so schnell antworte wie Du. Aber Du weißt ja, die Arbeit wächst mir bald über den Kopf. Du wirst staunen, von mir immer noch das Wort Arbeit als Tenor all meiner Briefe zu hören. Man sollte doch annehmen, daß nach dem Examen ein Nachlassen der Arbeitshochflut eingetreten sei. Es ist umgekehrt. Alles, was infolge des Examens aufgeschoben worden war, mußte nachgeholt werden. So vor allen Dingen Instrumentation und Reinschrift meines *Konzerts für Orchester*, das GMD Wand demnächst in Köln aufführt. Den genauen Termin teile ich Dir noch mit. Dieser Uraufführung sehe ich mit besonderer Spannung entgegen. Vielleicht sind meine Hoffnungen zu hoch gespannt, und das Ergebnis wird ein anderes als erwartet. Doch sei dem, wie ihm wolle, das *Konzert* bedeutet ohne Zweifel einen großen Schritt vorwärts in meiner kompositorischen Entwicklung. Deswegen auch meine Spannung auf die Uraufführung. Kommst Du und hältst mir sämtliche Daumen? Infolge der vielen Arbeit für das Examen und neuerdings auch für den Rundfunk[60] komme ich gar nicht recht zu meiner Arbeit. Ich bin regelrecht dreigeteilt zwischen den Anforderungen meiner eigenen Arbeit, des Rundfunks und des noch zu bestehenden Nebenfachs.[61] An letzteres denke ich nur mit dem äußersten Mißvergnügen. Du kannst Dir kaum vorstellen, welchen horror ich vor diesem elenden Nebenfach habe. Gott sei's getrommelt und gepfiffen. Aber man kommt ja wohl nicht daran vorbei. Vielleicht bleibt mir nichts anderes übrig, als alle hochgespannten Pläne abzuspannen und meinen Pegasus musicae vor den elenden Schulkarren zu spannen. (Was Gott verhüten möge.)

Du hast mir noch gar nicht geschrieben, was Du von dem *Vademecum* hältst. Ich bin neugierig auf Deinen Eindruck von dem Quodlibet. Vielleicht bist Du entsetzt über die »ironische Ungeniertheit«, mit der diese Kinderlieder urmusikantisch musiziert werden. Ich glaube, daß ich in dieser Art der Volksliedbearbeitung für Klavier ziemlich vereinzelt dastehe (mit Ausnahme von Béla Bartók). Alle anderen, Schroeder, Höffer, Scharrenbroich,[62] Maler u.a., gehen andere Wege der Bearbeitung. Wenn ich von der »ironischen Ungeniertheit« der Bearbeitung spreche, so ist das freilich nur ein ganz geringer Teil der Bearbeitung, den man so überschreiben könnte. Ich hoffe, doch insgesamt das Richtige getroffen zu haben. Von Maria Schiffmann, die ich vor einigen Tagen traf, erfuhr ich,

60 Zimmermanns erste Arbeiten für den Rundfunk waren zwei Chorsätze, *Wenn alle Brünnlein fließen* und *Jetzt gang i ans Brünnele*, deren Manuskripte am 28. Dezember 1946 beim Nordwestdeutschen Rundfunk Köln archiviert wurden. Schuf Zimmermann für den Rundfunk zunächst Liedsätze und Arrangements, so erweiterte sich das Spektrum ab 1950 um den Bereich der Hörspielmusik, den er bis Ende der fünfziger Jahre regelmäßig pflegte.

61 Zimmermann hat das Nebenfachexamen allem Anschein nach niemals abgelegt.

62 Alfons Scharrenbroich (1909-1943) war Schüler Heinrich Lemachers und nach dem Studium als Studienrat am Staatlichen Gymnasium zu Köln-Mülheim tätig. Tiny Wirtz hatte in dem Konzert am 12. April 1946, in welchem auch die Uraufführung der letztgültigen Fassung von *Extemporale* erklang, Scharrenbroichs »Volksliederspiel« *Das Goldringelein* gespielt.

daß Stoverock am 5. August in Detmold ein Treffen der ehemaligen Schulmusiker veranstalten will. Gehst Du hin? Natermann ist ja bereits Klavierlehrer in Detmold, wie ich höre. Du stehst sicherlich noch in Verbindung mit Maler. Weshalb ist er eigentlich nicht nach Köln zurückgekommen? Welchen Charakter hat die Schule, die er leitet? Hochschule oder Konservatorium, ist ein Theater, ein großes Orchester, ein Schauspiel am Ort? Welcher Art ist der Charakter der Stadt? Du kennst sie doch von früher. Du siehst, genug Fragen. Wann sieht man Dich nochmal in Köln? Zum Schluß die herzlichsten Grüße und schreibe schneller als ich.

Nochmals viele Grüße
Bernd

10 An das Kranichsteiner Musikinstitut

Köln-Lindenthal, den 20. Mai 1949
Zülpicherstr. 369, II.

Betr.: Ihr Schreiben vom 16. Mai 1949.

Bezüglich Ihrer Nachricht vom 16. d.M. teile ich Ihnen mit, daß ich am 20.3.1918 geboren bin. Ich hoffe, daß dieser minimale Unterschied über die von Ihnen genannte Grenze hinaus nicht so stark ins Gewicht fallen möge, daß damit die Aufführung des *Orchesterkonzerts*,[63] die für mich von außerordentlicher Wichtigkeit ist, unmöglich gemacht wird. Zudem ist das Stück im vorigen Jahr geschrieben, als ich noch dreißig Jahre alt war, und ich hoffe zuversichtlich, daß bei Ihnen die künstlerische Potenz eines Werkes in größerem Umfang berücksichtigt wird als die ohnehin minimale zeitliche Differenz über die von Ihnen angesetzte Grenze hinaus. Außerdem ist es gerade die Generation der 1918 geborenen Komponisten, die von dem Krieg besonders hart getroffen wurde (ich habe z.B. sechs Jahre allein durch den Krieg an Arbeitszeit verloren), so daß Sie in Berücksichtigung aller genannten Gründe, wie ich hoffe, die Aufführung des Werkes auch eventuellen Bedenken gegenüber vertreten können.

63 Das *Konzert für Orchester* wurde – und zwar aller Wahrscheinlichkeit nach in der ersten Fassung von 1946 – am 10. Juli 1949 im Abschlußkonzert der Darmstädter Ferienkurse vom Orchester des Landestheaters Darmstadt unter Leitung von Richard Kotz gespielt. Die Angabe in der von Gianmario Borio und Hermann Danuser herausgegebenen Dokumentation *Im Zenit der Moderne. Die Internationalen Ferienkurse für Neue Musik Darmstadt 1946-1966* (Freiburg 1997, Bd. 3, S. 539), bei dieser Gelegenheit sei das *Konzert für Streichorchester* aufgeführt worden, steht in Widerspruch zu den zahlreichen Rezensionen, die ausnahmslos das *Konzert für Orchester* erwähnen. Die im Brief angeschnittene Altersfrage stellte sich, weil die letzten vier Tage der Darmstädter Ferienkurse 1949 unter dem Motto »Musik der jungen Generation« standen und Werken zwanzig- bis dreißigjähriger Komponisten vorbehalten bleiben sollten.

In der Erwartung Ihrer geschätzten Nachricht, von der für mich, wie Sie sich denken können, sehr viel abhängt, zeichne ich

hochachtungsvoll
B. A. Zimmermann

11 An Wolfgang Steinecke[64]

Köln Lindenthal, den 1. Juni 1949
Zülpicherstr. 369, II.

Sehr geehrter Herr Doktor Steinecke!

Zunächst danke ich Ihnen herzlichst für Ihren Brief vom 27. d.M. und die Übersendung der Partitur. Ich freue mich sehr, daß mein *Orchesterkonzert* aufgeführt werden soll. Ich hoffe, Ihnen das Material bis spätestens 15. Juni schicken zu können. Für Ihre Einladung danke ich bestens und nehme sie gern an; umso freudiger, als ich sonst auf Grund meiner finanziellen »Kapazität« nicht hätte kommen können. Ich habe noch eine Frage: Ist in der Einladung auch der Fahrpreis nach Darmstadt und zurück enthalten, oder besteht im anderen Falle die Möglichkeit der Fahrpreisermäßigung bei der Reichsbahn nach Vorlage einer dementsprechenden Bescheinigung von Ihnen? Bitte, betrachten Sie diese Frage nicht als Belästigung; aber als Student, der zudem noch völlig auf sich selbst angewiesen ist, muß ich leider mit all diesen Dingen rechnen. Das Aufführungsmaterial stelle ich natürlich gern kostenlos zur Verfügung, ebenso beanspruche ich auch nicht die Aufführungsgebühr.

Was die Kompositionskurse anbetrifft, so würde ich sehr gern den von Herrn Fortner gehaltenen besuchen.[65]

In der Hoffnung, von Ihnen noch Genaueres über alle meine Fragen zu hören und Sie bald persönlich kennenzulernen, verbleibe ich mit den besten Grüßen

Ihr
B. A. Zimmermann

---

64 Wolfgang Steinecke (1910-1961) war von 1945 bis 1948 Kulturreferent der Stadt Darmstadt. 1946 gründete er hier das Kranichsteiner Musikinstitut und die Internationalen Ferienkurse für Neue Musik, die er bis zu seinem Unfalltod leitete.

65 Welchen Eindruck der Kurs Wolfgang Fortners (1907-1987) auf ihn machte, geht aus Zimmermanns Bericht »Kompositionstechnik und Inspiration«, in: *Das Musikleben*, 2 (1949) S. 242f., hervor (siehe S. 126).

12   An Wolfgang Steinecke

Köln, den 21. Januar 1950

Sehr geehrter Herr Dr. Steinecke!

Zunächst danke ich Ihnen bestens für Ihre Nachricht. Die Aussicht, eventuell am *Mittag* mitarbeiten zu können, freut mich natürlich ganz besonders. Der finanzielle Erfolg ist dabei nicht ausschlaggebend. Ich bin mit jeder Einnahme, sofern sie nicht gerade unwürdig ist, von vornherein zufrieden, da ich praktisch völlig in der Luft hänge. Aufgrund der finanziellen Misere bin ich gezwungen, mich mit Unterhaltungsmusik – Arrangements und ähnlichen Dingen – zu ernähren. Aus diesem Grunde habe ich auch einen Auftrag der U-Musik vom SWF für eine Weihnachtsmusik[66] angenommen, die zwar nicht unter meinem Niveau lag, aber Gesichtspunkte stilistischer Art berücksichtigen mußte, über die ich längst hinaus bin. Es waren Variationen über »In dulci jubilo«, die außerdem noch sehr stark propagiert wurden. Ulkigerweise hat das Stück Eindruck gemacht, obwohl es für meine Entwicklung keinerlei Bedeutung hatte und gerade in der tonalen Berücksichtigung, die das Thema auferlegte, eigentlich gegen meine jetzigen stilistischen Erkenntnisse geschrieben werden mußte. Allerdings bin ich bis an die Grenze des bei einer Volksliedbearbeitung, die das Stück praktisch war, Möglichen gegangen. Doch das nebenher.

Stuckenschmidt hat übrigens mein *Orchesterkonzert* für das Internationale Musikfest in Brüssel eingeschickt,[67] und Dr. Strobel will auf dem Badener Musikfest ein neues Werk von mir bringen.[68] Wie sind eigentlich die Aussichten für Darmstadt in diesem Jahr? Ich würde gerne wieder mitmachen, zwar nicht mit Orchestermusik, aber in Kammermusik, und ich habe einen kleinen Klavierzyklus von acht Stücken, den Prof. Seemann demnächst am Frankfurter Sender spielt.[69] Es sind Stücke, die Erfahrungen der Dodekaphonie als Kompositionsmethode auf persönliche und undoktrinäre Weise verarbeiten. Dr. Eimert hat darüber eine beachtliche Kritik geschrieben,[70] die ich Ihnen beilege. Sollten Sie die Stücke weiter

---

66 Es handelt sich um die *Symphonischen Variationen und Fuge über das Weihnachtslied »In dulci jubilo« für großes Orchester*, die 1949 in Koblenz mit dem Rundfunkorchester des Südwestfunks unter Otto Gerdes produziert worden waren. Die Erstsendung hatte am 25. Dezember 1949 (18 Uhr) stattgefunden. Die Aufnahme existiert heute nicht mehr. Das Autograph befindet sich im Archiv des Südwestfunks in Baden-Baden.

67 Zu einer Aufführung in Brüssel kam es jedoch nicht.

68 Der Südwestfunk erteilte – nach Vorverhandlungen, die Heinrich Strobel (1889-1970), der Leiter der Musikabteilung, geführt hatte – am 17. Oktober 1950 den Kompositionsauftrag für das *Konzert für Violine und großes Orchester*. Das Werk wurde am 10. Dezember 1950 in Baden-Baden (Musikstudio am Tannenhof) mit Heinz Stanske, Violine, und dem Sinfonieorchester des Südwestfunks unter Ferdinand Leitner uraufgeführt.

69 Gemeint ist der erste Teil des *Enchiridion*. Carl Seemann (1910-1983) spielte das Werk am 25. Mai 1950 für den Hessischen Rundfunk ein (Band-Nr. HR 3/92 410).

70 Herbert Eimert (1897-1972), seit 1948 Leiter des Nachtprogramms des Nordwestdeutschen Rundfunks Köln, hatte in der *Kölnischen Rundschau* vom 30. November 1949 unter dem Titel »Enchiridion«. Ursendung von *B. A. Zimmermann* eine Rundfunkproduktion des NWDR Köln mit dem Interpreten Hans Haass besprochen.

interessieren, so schicke ich Ihnen gerne ein Exemplar zur Ansicht zu.

In der Hoffnung, recht bald von Ihnen zu hören, und mit den herzlichsten Grüßen

Ihr ergebener B. A. Zimmermann

»Du und Ich und Ich und die Welt.
Versuch einer Selbstkritik in Tagebuchform«
(1945-1947)

Transkribiert und kommentiert von Anatol Stefan Riemer

Für die Aufzeichnung seines »Versuchs einer Selbstkritik in Tagebuchform« verwendete Zimmermann ein 20,5 cm hohes und 14,7 cm breites Schreibheft, dessen verstärkter Pappeinband mit gemustertem Papier beklebt ist. Das Heft enthält ein Vorsatzblatt und 89 zwanzigzeilig linierte Blätter, die im Rahmen der Archivierung foliiert wurden. Vor fol. 1, zwischen fol. 10 und fol. 11 sowie zwischen fol. 74 und fol. 75 hat Zimmermann Blätter herausgetrennt. Der Titel des Tagebuches befindet sich auf fol. 1^r (fol. 1^v ist nicht beschrieben), zwischen fol. 2^r und fol. 60^v schließen sich die 64 Tagebucheinträge an, die den Zeitraum vom 7. Juni 1945 bis zum 20. Januar 1947 umfassen. Fol. 61^r-74^v sind unbeschriftet. Die restlichen Blätter (fol. 75^r-89^v) nutzte Zimmermann – vom anderen Ende des Heftes ausgehend – für die Abschrift von Gedichten von Georg Trakl, Emile Verhaeren, Stéphane Mallarmé, Paul Verlaine (letztere in der Nachdichtung von Stefan George), Theodor Storm, Josef Weinheber, Ursel Philipp, Manfred Hausmann, Heinrich Pestalozzi und Ernst Bertram. Als Schreibmittel benutzte Zimmermann verschiedene blaue und schwarze Tinten, für Unterstreichungen und Ausstreichungen zusätzlich blauen und roten Buntstift.

Auszüge aus dem »Tagebuch« wurden bereits veröffentlicht in Wulf Konold, *Bernd Alois Zimmermann. Der Komponist und sein Werk*, Köln 1986, S. 15, 24 ff., 29, in Klaus Ebbekes Katalog zur Ausstellung der Akademie der Künste, *Bernd Alois Zimmermann 1918-1970. Dokumente zu Leben und Werk*, Berlin 1989, S. 15 f., 23-28, und im Programmbuch der Bochumer Symphoniker *Ein Deutscher Traum. Zyklus auf das Jahr 1990. Konzerte konzipiert und geleitet von Eberhard Kloke. Ein Buch konzipiert und gestaltet von Wolfgang Storch*, Bochum/Berlin 1990, S. 130-138. In der vorliegenden Publikation werden die Aufzeichnungen zum ersten Mal vollständig wiedergegeben.

Bereits der Titel *Du und Ich und Ich und die Welt* weist auf die beiden großen Themenbereiche hin, die Gegenstand der Tagebucheinträge sind. Einen Schwerpunkt bildet Zimmermanns Reflexion des schwierigen und wechselhaften Verhältnisses zu seiner damaligen Verlobten. Mehrfach wurde die Auflösung der Verbindung beschlossen (siehe beispielsweise die Aufzeichnungen vom 27. Juli 1945 und vom 11. Februar 1946) und doch – wie selbst die letzten Tagebucheinträge erkennen lassen – nicht wirklich vollzogen. Die vom 2. Mai 1947 datierende Widmung »Meiner lieben Braut zum Geburtstag« in den Autographen der Volksliedkantate *Die Brünnlein, die da fließen* spricht sogar dafür, daß es nach Abbruch der Tagebuchaufzeichnungen noch einmal zu einer erneuten Versöhnung kam. Zum anderen enthält das Tagebuch – und dies sind die Themen, die sich unter der Rubrik »Ich und die Welt« subsumieren ließen – sowohl Betrachtungen zur politischen, gesellschaftlichen und kulturellen Situation Deutschlands nach dem Krieg als auch eine kritische Auseinandersetzung mit den kompositorischen Fragen der Zeit, auf die Zimmermann in seinen damaligen Werken Antworten zu geben suchte.

Anatol Stefan Riemer

Donnerstag, den 7.6.1945

Den Gedanken eine Art von Tagebuch zu schreiben, habe ich bis vor kurzem noch zurückgewiesen. Allmählich bin ich jedoch in die Notwendigkeit versetzt eines zu beginnen. Gewiß, ich könnte die Nächte weiter zergrübeln – d.h. ich werde das ohnehin; auch mit Tagebuch – und in "mannhafter" Selbstbezwingung meinem Unruhestifter Herz (oder Geist oder Spleen, wie man's nennt) zu "Leibe" rücken; aber es nützt ja nicht viel. ~~...~~
~~...~~
~~...~~
~~...~~
~~...~~
~~...~~ Über den eigentlichen Grund eine Art von Selbstkorrespondenz zu beginnen, bin ich mir nicht ganz im Klaren. Der Zwang ist jedenfalls da – und also fange ich an, obwohl ich eine vaigrobe Abneigung gegen alles Tagebuchartige habe; man spielt sich selbst

»Du und Ich und Ich und die Welt. Versuch einer Selbstkritik in Tagebuchform«, Autograph, Bernd-Alois-Zimmermann-Archiv 199, fol. 2ʳ

[2ʳ] **Donnerstag, den 7. Juni 1945**

Den Gedanken, eine Art von Tagebuch zu schreiben, habe ich bis vor kurzem noch zurückgewiesen. Allmählich bin ich jedoch in die Notwendigkeit versetzt, eines zu beginnen. Gewiß, ich könnte die Nächte weiter zergrübeln – d.h. ich werde das ohnehin, auch mit Tagebuch – und in »mannhafter« Selbstbezwingung meinem Unruhestifter Herz (oder Geist oder Spleen, wie man's nennt) zu »Leibe« rücken; aber es nützt ja nicht viel. Über den eigentlichen Grund, eine Art von Selbstkorrespondenz zu beginnen, bin ich mir nicht ganz im Klaren. Der Zwang ist jedenfalls da – und also fange ich an, obwohl ich eine saugrobe Abneigung gegen alles Tagebuchartige habe; man spielt sich selbst [2ᵛ] zu leicht etwas vor. Doch sei's drum. Objektivität ist ja seit ehedem ein Postulat geblieben – mit dem Unterschied allerdings, daß man zeitweilig etwas anderes geglaubt hat. Aber das gehört in die Geschichte der Irrtümer der Menschheit, ein Buch, was noch geschrieben werden muß, falls man nicht alle wirklich großen Schöpfungen der Dichter, Musiker und Philosophen und Künstler als eine ungeheuerliche Konfession grundsätzlicher und grundlegender Irrtümer auffaßt, zusammengeschweißt durch Leid und abermals Leid und durch dessen letzte Steigerung: die Freude? – Warum ich diese Art von Selbstbespiegelung eigentlich beginne? Ich weiß nicht, ob es richtig ist, wenn ich sage: das oder das, oder der oder jener ist der Grund... Gewiß, die Zeit... Aber davon kann ich nicht reden. Die Zeit ist für mich mit dem Begriff Chaos in seiner kraterhaften Bedeutung schon zu einer Zwangsvorstellung geworden, der ich mich umso weniger entziehen kann, als ich täglich mehr und mehr die ungeheuerliche Desorganisation des gesamten [3ʳ] geistigen Lebens erspüre und ahne und sehe, ein Vorgang, der sich mit einer paralysierenden Schwere über mich breitet und meinen ganzen Organismus mit einer empörenden Langsamkeit und Sicherheit zersetzt. Ich weiß nicht, welchen Erinnyen die Jugend der letzten Nachkriegszeit ausgeliefert war. Aber ihr Schicksal erschreckt mich, wenn ich an die armen Herzen und Hände denke, die an sich selbst verirrt und zugrundegegangen sind. Wird es uns anders oder noch schlimmer ergehen? Das Furchtbare ist die Unsicherheit, die totale Unsicherheit auf allen Gebieten und die damit zusammenhängende totale Verwirrung des nationalen und persönlichen Lebensgefühls und der Begriffe. Woran sich orientieren? An dem verworrenen, ungeraden Schlag unserer eigenen flatternden Herzen? Wir sind Versprengte eines verlorenen Unternehmens, so bleibt nichts anderes zu denken übrig. Doch ist irgend eine konstante Negation solcher Gedanken fühlbar, spürbar. Es ist eine Wehr, ein Wille zur Selbstbehauptung da, vielleicht auf vitaler Basis. Immerhin. Arbeiten [3^v] müßte man können. Aber das ist es ja. Arbeitslos! Und dabei soll eine neue Zeit aufgebaut werden. Sie wird es. Vielleicht sind wir noch daran beteiligt. –

Es regnet in die Nacht. Die Tropfen klatschen auf Fensterscheiben und Simse, die Pfützen geben das Geräusch der trommelnden Tropfen wieder. Monotone Kulisse… Weshalb ich wohl in der letzten Zeit mit einer solchen Unruhe an Dich denken muß? Der gestrige Tag war eine zersprungene Saite auf dem Instrument unserer Seelen. Auch der Nachmittag mit seiner wilden Unrast beseitigte nicht den Mißklang. Vielleicht der Abschied? Seltsam, ich werde das Gefühl nicht los, daß sie mir etwas verheimlicht, mich in einer bestimmten Art hintergeht. Ungewißheit auch hier. Ich glaube nicht, daß sie sich über die schmerzende Erinnerung, die sie mir mit solchen Tagen bereitet, im Klaren ist. Wie könnte sie sonst… Die Frage nach der Kompetenz des einen oder anderen Gefühls ist hier überflüssig. [4^r] Ich verstehe nur nicht, wie zwei einander so entgegengesetzte Gefühle mit anscheinend gleicher Stärke sich so anziehen können, daß der Verlust des Einen den Untergang des Anderen herbeiführen würde, was in der Summe einen schwebenden Zustand eines dauernden Kampfes mit mitunter harten Methoden ergibt, der so weit von dem literarischen Begriff der Liebe entfernt ist, wie diese anscheinend von der echten, die man sich hinwiederum entschieden anders vorstellt. Diese Diskrepanz zwischen Ideal und Wirklichkeit lebt sich nun bei weitem tragischer aus, als wir uns in einem Zustande des Sich-gegenseitig-Bedingens befinden, der schlechterdings nicht zu leugnen ist, so daß wir beide, oft zur gegenseitigen Verwunderung, uns erstaunt fragen, was wir denn aneinander so Unentbehrliches haben, und keiner weiß, was und warum. Mysterium der Liebe. Aber wir lieben uns! Warum? – – –

[4ᵛ] Freitag, den 8. Juni 1945

Es ist erschütternd, die tiefe Kluft, die der Krieg in den Organismus der Völker gerissen hat, sich stetig vergrößern und weiter sich aufspalten zu sehen, ein Vorgang, den Dr. G. mit einer schier nachtwandlerischen Sicherheit vorausgesagt hat. Eigentlich geht es bei diesen Ländern (jedenfalls in England) nicht anders als vorher in Deutschland, und es geht auch dort um die endgültige Trennung zwischen Kapitalismus und Sozialismus. Deutschland hatte sich vor dreizehn Jahren zu einem nationalen Sozialismus – entscheiden müssen; eine Vermischung kommunistischer, rassischer und historisch gesehen romantischer Ideen und Methoden in dem retortenmäßigen Format einer halbwüchsigen Staatsform war das Ergebnis gewesen, dem die gebildete Welt erst im Ansatz eine gesunde und gegorene Reife zu ermöglichen gewillt war. Gewiß war vom Willen bis zur Tat ein weiter Weg, und der Krieg vernichtete natürlich alle Ansatzpunkte irgendeines Verständnisses durch seine brutale Unbedingtheit im [5ʳ] Keime. Wenn wir Deutschen doch nur hätten warten können… Nun erlebt das siegreiche England unmittelbar nach seiner taumelnden Siegesfeier eine Regierungskrise, in der es nicht um eine einfache Wachablösung, sondern in aller Wirklichkeit um die Macht zweier grundsätzlicher Anschauungen der Welt und des Geistes geht: um die neue Richtung der Politik. England ist praktisch der letzte Staat in Europa, der eventuell eine geistige Macht gegen den Kommunismus darstellt. Aber ich fürchte, daß auch hier schon die Entscheidung gefallen ist und alles eben nur die Sichtbarwerdung einer inneren Entwicklung nach außen ist, dramatisch gesehen die Katastrophe. Ob es eine Katharsis wird???

Heute mußte ich in einer solchen Dringlichkeit an sie denken, daß ich mich nur mit aller Mühe dazu zwingen konnte, nicht zu ihr hinzufliegen. Eigentümlich, dieser ungeheuerliche Drang nach ihr – – – Das kann unmöglich allein Leidenschaft sein, die mich bis in den letzten Nerv verfolgt: Sehnsucht! Ich muß mich immer öfter gegen die flammen- [5ᵛ] strahlende, rotierende Sonnenglut dieser Sehnsucht stemmen. Noch gelingt es mir nicht, den Strom der drängenden Süchte in das ruhige Bett der gebändigten Maße zu zwängen, noch schäume ich wie der Sturzbach hochaufspritzend Felsen hinab in schießender Pracht, vorbei an den leise blühenden Blumen sanfter Wiesen und ruhig ausgebreiteter Täler – – –

Sie ist ja in ihrer herben Widerstrebigkeit fast starr – und leichter die Beute des biegsamen Schwätzers als des starken und leidenschaftlichen Werbers. Ich fürchte für sie um ihrer Spröde willen. Es gibt Momente, wo ich sie um unserer Liebe willen zutiefst hasse, und Momente, wo ich sie von einer wunderbaren und rührenden Lieblichkeit erfüllt sehe.

Warum sie sich wohl so gegen meine Führung stemmt? Aus Trotz, aus persönlichem Gleichberechtigungsgefühl oder aus Angst, sich selbst zu verlieren, ihre starke Art, die ich [6ʳ] um jeden Preis in meine Sphäre hereinziehen möchte, um gegenseitig sich steigernd aneinander emporzuwachsen? Sie ist mir immer rätselhafter geworden in ihrer Mischung von kindischem Trotz und kindlicher Naivität, fraulich starkem Herzen und mädchenhaft verspielter Unbedenklichkeit. Obwohl ich es ihr gesagt habe, weiß sie doch nicht darum. Ich möchte es fast wetten – – Doch morgen bin ich wieder bei ihr!!!

Montag, den 11. Juni 1945

Radio London übertrug »Night-piece« von Frederick Delius[1] und anderen »Eindruckskünstlern«. Wir aber wollen Ausdruck, *geformten Ausdruck*!!! »Alles was Form hat, ist meine Sache...«[2] (Kleist ist mein Mann!!!) Gebet eines jungen Künstlers: Herrgott gib mir Einfall, Form und Ausdruck und laß mich nicht versinken in Bedeutungslosigkeit – und, Herr, gib mir Kraft und Willen. Der Herr: Bete und – arbeite. – – –

[6ᵛ] **Dienstag, den 12. Juni 1945**

Mir fällt gerade bei, daß ich für ein »Tagebuch« in der Nacht schreibe: also eigentlich ein »Nachtbuch«. (Ein »Nächte-Buch« wäre etwas anderes. Eh bien!)

Heute las ich in den *Aufzeichnungen des Malte Laurids Brigge* (Rainer Maria Rilke) den merkwürdigen Satz »*Es wundert mich manchmal, wie bereit ich alles Erwartete aufgebe für*

---

1 Im Schaffen von Frederick Delius (1862-1934) findet sich kein Werk mit dem von Zimmermann angegebenen Titel. Vermutlich wurde das Orchesterstück *Summer Night on the River* (1911) ausgestrahlt.

2 Heinrich von Kleist, Brief an Heinrich Joseph von Collin vom 14. Februar 1808, in: *Sämtliche Werke und Briefe*, hg. von Helmut Sembdner, Bd. 2, München ⁸1985, S. 810.

das Wirkliche, selbst wenn es arg ist.«[3] Ein Mensch, der mit einer gewissen Leichtigkeit Pläne, Träume und Erwartungen sich umkehren und ändern sehen kann, ist entweder am Anfang oder Ende seiner Existenz, so daß alle Verhältnisse keinen effektiven Bezug auf seine Seele haben – können. (Unschuld des Werdens!) Eine ernsthafte Frage: Kann es das in einem positiven Sinne geben? Es müßte von Zeit zu Zeit geradezu wunderbar sein, gewissermaßen neben sich selbst zu leben, unbeteiligter Beobachter seiner selbst zu sein. (Ein Vorschlag zur Erholung vom Ich!) Ich glaube, die Ausführung verlangt eine Art feiner psychologischer Perversion, besser gesagt eine Aszese, die nur das Ergebnis einer [7ʳ] langen Krankheit der Seele und des Willens (als »primus motor vivendi«) sein kann. Erfordert es nicht im Grunde eine ungeheuerliche Kraft des persönlichen Existenzsinnes und geistigen Selbstbehauptungswillens, dem Zugriff des Wirklichen offenzustehen wie der gläubige Schoß des Weibes dem vom Schicksal an seine buchtenden Ufer geführten Mann? Unsere Vorfahren hatten es leichter in ihrem »Herr, schicke was Du willst...«[4] Doch diese Kraft des Vertrauens verleiht paradoxerweise nur ein gerütteltes Maß von Enttäuschungen. Ob es nicht zuletzt das Wissen um diese Dinge ist, die den Liebenden die Ahnungen sich zu bereitender Enttäuschungen näher legen als kommenden Glücks? Oder ist es die milde Hand jener Vorsehung, die wir gelernt haben, die solches Vertrauen schenken kann? ...

3 Rainer Maria Rilke, *Die Aufzeichnungen des Malte Laurids Brigge,* in: *Sämtliche Werke*, hg. vom Rilke-Archiv in Verbindung mit Ruth Sieber-Rilke, besorgt durch Ernst Zinn, Bd. 6, Frankfurt a.M. 1966, S. 775 f.

4 Eduard Mörike, »Gebet«, in: *Sämtliche Werke und Briefe*, hg. von Gerhart Baumann in Verbindung mit Siegfried Grosse, Bd. 1, Stuttgart 1961, S. 134, 1. Strophe, Vers 1. Die zitierte Passage lautet im Original »Herr! schicke, was du willt«.

Sonntag, den 17. Juni 1945

Der heutige Tag war seiner ganzen Art nach dazu angetan, wieder und wieder zu beweisen, wie schwer die Liebe ist. Oder liegt es daran, daß bei ihr Geist und Körper so sehr differenzieren, daß sie sich labil – gewissermaßen [7ᵛ] schaukelnd – bedingen: Das Emporstreben der einen Seite hat mit fast gesetzmäßiger Folge das Sinken der anderen Seite zum »Erfolg«. Manchmal habe ich den Verdacht, daß *ich* vielleicht diesen eigentümlichen Riß zwischen körperlichem Erleben und geistigem Durchglühen, Durchsäuern folgender Art verschulde, indem ich von ihr *die* »psychophysische« Endleistung erwarte, die ich vorbereitend vermitteln müßte; indem ich das Gesetz beiden Erlebens (körperlichen und geistigen) ihr in die Hand gegeben habe, sie, die es ihrer Konstellation nach *noch* nicht leisten kann; indem ich von der Frau das fordere, was der Mann als das übergeordnete Prinzip des geistigen Erlebens im körperlichen Genügen gerade der liebenden Frau gegenüber zu allererst leisten muß, nämlich das »niveau« der Liebe festzulegen!!! Aber ist das auch nicht ebensosehr Sache der Frau oder gerade der Frau? Gibt *sie* nicht den Ausschlag des Zeigers nach oben oder unten maßgeblich an? Ja, das ist es: Sie ist in allem zu schwer. Es müßte ihr die schwebende Leichtigkeit mancher junger [8ʳ] Mädchen zur Hand sein, die versprechenden Lächelns – *das* doch nicht erfüllen können, was sie ahnen lassen. Doch bestände die Möglichkeit, daß sie's könnte?! Das ist es eben: Man müßte in der »Schule der Liebe« lernen, *die Liebe zu können*!!! Doch es ist anscheinend zu schwer. Wer kann sie?

Und immer habe ich diesen starken Eindruck ihrer Schönheit, die ich nicht benennen kann. Irgend ein verborgener Zauber ihrer Gestalt oder Art muß es sein. Man kann ihn nicht beschreiben, und der rührende, süße Anblick ihrer schlanken Mädchenhaftigkeit ist durchaus nicht vital im Sinne gestauter Fülle oder gar animalisch in der Beantwortung komplexer Reize, sondern durchaus die rätselhafte, gewissermaßen konkave Spiegelung einer schwebend schwingenden Phase im Widerspiel eigenen Fühlens mit meinem andrängenden Wollen, Umgestalten-Wollen, Formen- und Bestimmen-Wollen – – – Noch schwingt diese leise Dissonanz in unseren Sphären nicht aus, anziehend, abdrängend in ewig gewissem Kräftespiel, gehalten von der Seelenachse unserer gegenseitigen [8ᵛ] Bestimmung. O ewiges Rätsel der Liebe.

Montag, den 18. Juni 1945

Es ist doch eigenartig, wie verwirrend dieses Mädchen in meine Gefühlswelt eingebrochen ist. Ich beginne, mich schon seit geraumer Zeit nicht mehr mit mir selbst zu verständigen, sondern alles in mir widerstreitet: Vernunft gegen Gefühl, Herz gegen Verstand, Haß gegen Liebe – und alles umgekehrt – – – Nur durch sie. Auf der einen Seite Handlungen von ihr, die mir Scham und Zorn, sogar Wut bereiten, für die mir jedes Verständnis (außer offener Feindschaft) fehlt, aufgelegte Boshaftigkeiten, Lieblosigkeiten, Widerspruchsgeist – auf der anderen Seite anscheinend echte Tränen der Liebe, wirkliche Sorge und manchmal kleine Momente, wo man ahnt, daß es Liebe ist. O, fürchterlicher Zustand eines zwischen Glück und Zweifel hin- und hergeworfenen Herzens. Ich überlege ernsthaft, ob ich durch eine endgültige [9^r] Trennung meine Ruhe wiederbekomme? (Aber das glaube ich nicht.) Vielleicht ist aber der Schmerz doch nicht so lang und nicht so unerträglich – und es wäre eine endgültige Lösung – – – ???

Mittwoch, den 20. Juni 1945

Meine Gefühlsverwirrung ist womöglich noch größer geworden, und ich muß mich schon zu einer gewaltsamen Entscheidung zwingen. Zuerst werde ich *nicht* zu ihr hinfahren!!! Aber was ist damit getan? Die geheime Schlange im Busen frißt weiter. Ich frage positiv: Kann Liebe *so* handeln, wie »sie« es getan hat? Antwort: Nein! d.h. Ich, Bernd Zimmermann, würde – ach was! – könnte gar nicht so handeln. Es ist doch verdammt kein Hochgenuß, wenn man aber und abermals erleben muß, daß Freundinnen, Einfaltspinsel und Gimpel vorgezogen werden; denn schließlich rebelliert dann doch das Selbstbewußtsein gegen die Liebe – und Liebe heißt wirklich nicht grundsät- [9^v] lich, sein eigenes Wollen dem Wollen der Geliebten unterzuordnen – – – Doch: »Schweig stille mein Herze!«[5] Liebes-Wehwehchen gehören eigentlich gar nicht in den »Versuch einer Selbstkritik« hinein. Daß sie doch drinne sind, ist ein Beweis für meine Abhängigkeit (!) von dieser Liebe, die objektiv gesehen ein Feuer ist, das von mir selbst gespeist wird: Wenn ich mich »an der Liebe« wärmen will, muß ich von meinem Heizvorrat (bildlich gesprochen) nachlegen. Sie ist gewissermaßen nur die Schauspielerin einer Liebe, die von mir verfaßt, inszeniert und sogar einstudiert ist; denn ich muß sogar die »Regieanweisungen« geben; was im Grunde so ziemlich das Lächerlichste ist, was man sich vorstellen kann. Dabei behauptet sie, immer mich allein zu lieben

---

5 Eduard Mörike, »Schön-Rohtraut«, in: *Sämtliche Werke,* Bd. 1, S. 59 f., jeweils letzter Vers der vier Strophen des Gedichtes.

(man verstehe wohl: *lieben*), und glaubt es auch selbst, was ein Beweis mehr für die »Größe« ihres Liebesbegriffs ist. Verdammtes Theater! Und doch glaube ich ihr, daß sie zu- [10ʳ] grunde gehen kann, wenn ich sie aufgebe (!?!) Knalleffekt: Ich weiß nicht, womit ich bei ihr dran bin. Man sollte manchmal glauben, daß sie das Rüstzeug einer gerissenen Kurtisane bis zur Vollkommenheit beherrscht. Aber dieser Erklärung, die alle ihre Handlungen bis zu einem gewissen Grade »befriedigend« erklären würde, widersteht ein Rest irgendeines Gefühls, das wahr ist, aber von der Liebe wohl ebensosehr entfernt ist wie die Kurtisane in ihr von ihrer »anständigen« Frau. Wunderbares Weibwesen! Ich muß mich jedoch nun endgültig entscheiden. Eine Fortsetzung dieses Zustandes ist unmöglich. (Dieser Satz kommt mir sehr bekannt vor. Hahaha!) Aber ist es zuletzt nicht immer wieder die Hoffnung auf das endgültige Erwachen ihrer Liebe, die mich immer wieder zu Kompromissen mit meiner Gefühlswelt zwingt? O, schöne, stets grausam enttäuschte Hoffnung. O, wunderbare Erfüllung – – – Abwarten, immer wieder abwarten.

[10ᵛ] **Mittwoch, den 27. Juni 1945**

Ich bin am vergangenen Mittwoch *doch* hingefahren. Natürlich. Ich habe mir vor mir selber eine Entscheidung zu ihren Gunsten ausgedacht, um meinem ach! so unvernünftigen Herzchen nicht wehe zu tun; denn der Verstand sagte klipp und klar: Nein! Aber so geht es fast immer. Nutzanwendung: Wenn Du eine positiv pädagogische »Ehe« führen willst, darfst Du – gesetzt den Fall, daß Du so geartet bist wie ich: also ein Paket »Herz und Gemüt«, auf Deutsch Nachgiebigkeit – eben nicht verliebt sein?!? Ein schönes Paradoxon!!! Menschen meines Schlages sind der Schönheit so verfallen, daß sie im Falle einer Liebe, d.h. einer echten, auch der Geliebten verfallen sind. Stifter sagt in der *Brigitta*: Es ist ein sanftes Gesetz der Schönheit, das uns zieht.[6] Bei Gott, für mich ist die Schönheit ein Sturm, der alles entwurzelt und fortfegt, was geruhiger Verstand und bedächtiger Wille an – gewissermaßen – »Barrikaden« aufgebaut haben. Schönheit ist Leidenschaft!!!

6 Vgl. Adalbert Stifter, *Brigitta*, in: *Werke und Briefe. Historisch-kritische Gesamtausgabe*, hg. von Alfred Doppler und Wolfgang Frühwald, Bd. I/5, Stuttgart u.a. 1982, S. 445, Zeile 22 ff.

Dienstag, den 3. Juli 1945

Gestern war »Maria Sief«.[7] Das Wetter war auch ganz danach. Ununterbrochener Regen. Nach dem Volksmund regnet es dann vierzig Tage lang ohne Unterbrechung. Schöne Aussicht. – I. O., die nun auch wieder von Gera zurück ist, freute sich offensichtlich über unsere, für sie überraschende, Begegnung. (Ein Passant, der sein Fahrrad schob, purzelte dabei die kleine Brückenböschung mitsamt seinem Fahrrad herab – was dadurch kam, daß I. bei meinem unvermuteten Anblick plötzlich stehen blieb.) Sie war anscheinend sehr davon berührt, mich verlobt zu sehen – dazu noch mit einem »soliden Mädchen«. Eine solche Frau wird es dem befreundeten – oder sagen wir der Vorsicht halber geschätzten – Manne nicht so leicht verzeihen, wenn er ein »solides, kleines Mädchen« vorzieht, selbst wenn sie weiß, daß sie für eine solche Verbindung im Ernst nicht in Frage kommen konnte. Ich bin gespannt, wie sie in der Folgezeit reagieren wird. Je nachdem werde ich wissen, für was und wen ich sie zu halten habe. Es würde [11ᵛ] mir leid tun, einen sympathischen Menschen – in des Wortes vollster Bedeutung – zu verlieren! Es ist eigentlich einer jener »Zufälle« des Schicksals, daß wir noch solche jungen Menschen in solcher klaren Unbedingtheit besitzen. Jene »Zufälle« des Schicksals, die uns die Bedingtheit des großen Haufens unserer Zeit um ihrer Ausnahme willen zeitweise vergessen machen. O, notwendiges Glück solchen Wissens!!!

Solche Tage, wie es der heutige ist, nach einem abgetrockneten Regen, der Straßen und Dächer und den Himmel darüber reingefegt hat wie ein geputztes Glas, haben wohl nicht von ungefähr jene leise Melancholie, die das Ergebnis vielen Leidens ist an Dingen und Menschen. Vielleicht ist es eine große Pädagogik der Vorsehung oder der Natur oder wie man es nennen soll, uns durch solches Leiden an Dingen und Menschen in unserer zufälligen Gefühlswelt (soweit darin überhaupt von »Zufall« die Rede sein kann) zu ordnen, [12ʳ] unser Erleben zu scheiden in annähernd feste Bahnen, Begriffe – und zuletzt begriffene und bewußte Handlungen zu schaffen (wobei wir uns im Klaren sind, daß wir »bewußt« mehr postulativ als effektiv verstehen). Denn erst das Leid vermittelt uns Erfahrung, und Erfahrung Ordnung und Bewußtsein – viel-

---

7 Im Raum Köln gebräuchliche Bezeichnung für den Festtag Mariä Heimsuchung (2. Juli).

leicht am Ende eines langen Lebens und eines langen Leidens. Immer wieder fällt mir jener Satz Rilkes ein im *Malte Laurids Brigge*: »Es wundert mich manchmal, wie bereit ich alles Erwartete aufgebe für das Wirkliche, selbst wenn es arg ist.«[8] 8 Siehe S. 48, Anmerkung 3.
Ist diese Haltung nicht die einzig richtige dem Leiden und den Menschen gegenüber? Wenn es gelingt, *so* das Wirkliche zu erleben, so müßte eine ungeheuerliche Bereicherung des Seelischen die gräßliche geistige Armut des materiellen Egoismus ablösen können. Verzicht auf jede Beeinflussung der Entwicklung zugunsten einer reinen Entstehung, der eigentlichen »Unschuld des Werdens«. Großartiger, großartig-undurchführ- [12ᵛ] barer Gedanke; denn wer besitzt noch jene fast franziskanische Einfältigkeit des Sinnes, die solchen Erlebens, reinen Erlebens, des Erlebens an sich, fähig wäre?

Samstag, den 7. Juli 1945

Heute morgen schon in aller Frühe ein ärgerliches Schwalbenzwitschern von einer Lautstärke, daß man sich erstaunt fragt, wie die kleine Schwalbenlunge solche Kraft entwickeln kann. – – –

Wenn ich an die Prophezeiungen der beiden »Wahrsagerinnen« denke, die ihr und mir unabhängig voneinander die Karten gelegt haben – mit fast dem gleichen Inhalt –, so kann ich mich eines sonderbaren Gefühls nicht erwehren. Daß der Vorgang an und für sich eine indirekte Beziehung zum Irrationalen haben soll, scheint mir gar nicht erklärlich, und daß sich aus der zufälligen Mischung der Karten und dem willkürlichen dreimaligen Abheben durch den [13ʳ] »Beweissagten« das zukünftige Schicksal eines Menschen erhellen soll, erscheint bei vernünftigem Denken fast völlig absurd, besonders, wenn man den Umstand bedenkt, daß sich ein lebendiges Schicksal aus einem toten Kartenspiel mit Bestimmtheit ablesen lassen soll. Die Übereinstimmung in beiden Vorgängen ist natürlich verblüffend, kann aber auch zufällig sein – – –

O, rätselhafte Insel der Seele, durch Gewässer der eigenen unbewußten Tiefe getrennt vom bescheidenen, flachen Ufer unseres Wissens und Wollens, wie wehen deine geheimnisvollen Nebel zu uns her, die wir gleichsam wie unbefangene

Zuschauer in der Komödie des Lebens stehen am sandigen Strande unseres Seins, und leuchtet uns kein Feuer ganz erhellend hinüber, damit wir in klarer Sicht Weg und Klippe unseres Lebens erkennen möchten. Manchmal ist ein Stück Ahnung des Kommenden in uns, zugeweht wie wandernder Sand an winddurchwehten Dünen, aber dann [13ᵛ] ist es doch immer wieder die ungeordnete Weite der Gefühlswelten, die uns in der wirrenden Vielfalt der möglichen Möglichkeiten von der planvollen Konzeption einer inneren Ordnung zuletzt abhalten und damit die Möglichkeit einer befriedigenden Lösung des Geistes ausschalten, jene Lösung, nach der die gesamte Menschheit sich vergebens, trotz Religion, Kunst und Philosophie, gesehnt hat, die doch nie eintreten kann und wird, weil das menschliche Herz sie wird nicht leisten können: das eigentliche Leiden der Welt!!!

Mittwoch, den 11. Juli 1945

Warum wohl alle Zimmer, in denen ich mich befinde, nach einer gewissen gegenseitigen Angewöhnung dieselben werden? Die Reize der kleinen Dinge und größeren Gegenstände sind dann gewissermaßen filtriert, gebrochen durch die Dazwischenkunft einer Sphäre, die ich [14ʳ] als Ausstrahlung meines Willens (als »Fluidum« meinetwegen, wenn man mir das abgebrauchte Wort verzeihen kann) anzusehen genötigt bin. Das ist es: die Dinge werden verbraucht und abgenutzt nicht nur auf jene platte Art, in deren Anerkennung man eine Wohnung »abnutzt« und deshalb bezahlt, sondern auf jene stille Art, in der die Dinge die Charaktere ihrer Besitzer und ihre Launen, Tugenden und Gewöhnungen annehmen und spiegelnd zurückwerfen. So empfinden wir nicht dies oder jenes Zimmer als »ungemütlich« oder »kalt« oder »schwül« oder »nüchtern« etc., sondern den Bewohner oder Besitzer, auch wenn er nicht anwesend ist oder vielleicht schon lange tot – – –. Wie eindringlich klingt jenes *Et renovabis faciem terrae*[9] in dem festen Bewußtsein der bildenden Kraft der Persönlichkeit, prophetisch verkündigt! Die Macht zu haben, aus der Wirklichkeit der eigenen Atmosphäre heraus gestaltend auf die Dinge und auch Charaktere [14ᵛ] einzuwirken und in

---

9 Vulgata PsG 103,30.

einem gewissen Sinne und Kern unseres Wesens unangreifbar zu sein – – – Aber wir sind in einer zweifach rotierenden Bewegung drehend bewegt, und wissen wir etwa, daß die relative, gewissermaßen »kardanische Aufhängung« unserer Seele in der Vielfalt der Bewegung vielleicht eine fiktive Selbsttäuschung ist? Konstant ist gewiß die Architektur unserer Sphären, die bestimmte Art, aus dem »Fenster« der geheimen Werkstatt unserer Seele zu schauen, und konstant die bestimmte Kapazität unseres inneren Vermögens – oder nicht etwa? – – –

Nachdem ich gestern den ersten Satz meiner Symphonie[10] »unbefangenen Gemütern« vorgespielt und ungeahnten Erfolg gehabt habe, scheint mir nachgerade irgendetwas zu gemein, fast allgemein darin zu sein. Woher sonst der spontane Beifall, das »liebenswürdigste« Zeugnis für irgendwelche Untiefen und Plattheiten [15ʳ] und darum ein umso eindeutigeres Zeugnis. In dieser Beziehung gesehen, ist es eine müßige Arbeit, jemandem plausibel zu machen, daß mir nachgerade eine klare Ablehnung, d.h. ein derzeitiges Nichverstehen-Können, »angenehmer« ist als schnellfertiger Beifall. Verstehst Du's?

10 Gemeint ist der erste Satz der *Sinfonia prosodica* mit dem Titel »Sehr ruhig und getragen – Allegro moderato«. Das Werk, dessen weitere Sätze »Scherzo. Allegro ma non troppo – Intermezzo« und »Finale. Molto vivace« überschrieben sind, lag, laut Eintragung im Autograph, am 25. Oktober 1945 vollständig vor.

Donnerstag, den 12. Juli 1945

Dr. Adenauer[11] unterbreitet den »Alliierten« Vorschläge für die Gestaltung der politischen und wirtschaftlichen Zukunft Deutschlands:

1. Stabilisierung der Deutschen Mark.
2. Erklärung der »Alliierten« über eventuelle Abtretung deutscher Gebiete.
3. Bundesregierung, die mit der Militärregierung zusammen Deutschland regiert.
4. Bundesstaat aus drei deutschen Freistaaten: Ost-, West- und Süddeutschland.

N.B.: Das Vermögen der I.G. Farben im Werte von 831 Millionen wird von den »Alliierten« »liquidiert«, weil es, wie es in der Begründung heißt, zur »Kriegsmaschine« [15ᵛ] Deutschlands gehörte. – – –

11 Der spätere Bundeskanzler Konrad Adenauer (1876-1967) übte nach der Einnahme Kölns durch die Amerikaner 1945 für kurze Zeit erneut das Amt des dortigen Oberbürgermeisters aus und wurde 1946 Vorsitzender der CDU der britischen Besatzungszone.

Der Gedanke an unsere allgemeine menschliche Unvollkommenheit half mir recht herzhaft, verschiedenen schwiegermütterlichen und – leider auch – bräutlichen »Reminiszenzen« zu Leibe zu rücken, wobei mir im stetigen Wachsen begriffene Gefühlsdistanz und stetig sich distanzierende (!) Sehnsucht in fast ökonomischer »Chirurgie« zu Hilfe kommen, mit dem Ergebnis, daß sich in langsamen Fortschritten das rechte und entsprechende, gegenseitige Maß unserer Liebe in immer dauerhafteren und – härter-gehärteten Kristallen herausbildet. Und wenn wir das Gefühl einer deutlichen Wehmut nicht ausnehmen wollen, die sich wie ein leiser Nebel um den ziellosen Überschwang der ersten großen Zuneigung und des Erkennens »auf den ersten Blick« niederschlägt, so sind wir doch gewiß, daß wir dem tiefverborgenen Bodensatz des reinen und schmerzhaften Erlebens in [16ʳ] schicksalhaftem, zentripetalem Drang entgegengehen, gezogen von den Fäden des Gottes, gehalten vom Kraftfeld der eigenen und wesentlichen Existenz und Konstellation. O, geheimnisvolles, nie begriffenes *letztes* Verhältnis, wie bist du so über alle Grenzen unverhältnismäßig, gemessen an unser allen menschlichen Verhältnissen, wie unverhältnismäßig – – –

Sonntag, den 22. Juli 1945

Solche Tage, wie breite Dreiklänge ausschwingend, sind in ihrer gewiegten, in sich beruhenden Ausgegorenheit und Ausgeglichenheit fast beängstigend harmonisch. Das Herz, an das allgemeine Gefühl der relativen Schmerzlichkeit des Seins gewöhnt, wird unsicher im plötzlichen Entwöhnen und vermißt – fast mit einer erstaunten Kümmernis – die Hefe im Bodensatz unseres täglichen Leidens und Kümmerns wie jenes starke Gewürz, das uns die genossenen Speisen um der herben Bitternis seines Zusatzes wert erscheinen [16ᵛ] läßt. In solchen lang ausklingenden Stunden habe ich das teilweise ungemischte Gefühl des einfachen Daseins (im Sinne von »Da-Sein«) so stark, daß ich um seiner Deutlichkeit willen manchmal fürchte, daß ich es wohl – wie immer – in harter Münze und penetrantem Kleingeld womöglich, wiederzahlen muß! O, Mißtrauen des Herzens – – –

Was sie anbetrifft, so scheinen mir sämtliche Gedanken, d.h. trübe Gedanken um ihretwillen, gegenstandslos geworden zu sein, gemessen an dem einfachen Wohlklang ihrer Liebe, die sich nun in solchen klaren und liebevollen Umrissen zeigt und begreift – – –

Montag, den 23. Juli 1945

Jener ungeheuerliche Satz Hebbels, daß man zuletzt nur das verwirkliche, was man bis zu seinem zwanzigsten Lebensjahre gedacht und entworfen habe,[12] scheint mir mehr und mehr wahr zu werden, dergestalt, daß seine Möglichkeit sphinxhaft groß und überschattend aufwächst [17ʳ] aus dem gewitterschwülen Dunkel seines Abgrundes; denn abgrundhaft sind jene Lavaausbrüche und Protuberanzen unserer jugendlichen »Übernatur«, emporgeschleudert aus dem chaotischen κρα–τήρ [Krater] des jungen Herzens, das schutzlos der niederstürzenden Wucht des unsicheren, ungekonnten und noch ungekannten Erlebens und der Wirklichkeit des ziellosen Wollens preisgegeben, die Welt in zwangsmäßiger Umwertung – um der Umwertung willen – zu Stücken schlägt und im Angriff auf alles Bestehende die beste Verteidigung seiner jungen Existenz erblickt. O, notwendiges Irren solcher Jugend – und notwendiges »Ordnungsverfahren« des späteren, sichtenden Verstandes, des Eindämmens, Förderns und Unterdrückens, Erkennens und Handelns!

So wäre es möglich, daß alle Taten des späteren und reifenden, des gereiften und nach einem langen Leben erfahrenen Genies »*nur*« die endliche und zuletzt – geformte Darstellung und Gestaltung eines früheren Chaotischen und Formlosen in uns sein könnten, das recht betrachtet ohne unser Zutun [17ᵛ] da ist, durch die geheimnisvolle Konstellation der Dinge und Beziehungen in geheimnisvoller Weise wesenhaft mit uns verknüpft, da ist als »Schicksal und Aufgabe«. (Die Schwere dieses Wortes veranlaßt mich, es, trotz seiner »Abnutzung«, als noch wirkend zu betrachten, d.h. auf Deutsch, seine Anwendung zu rechtfertigen.)

Die Arbeit an meiner *Symphonie*[13] (kann man mit 27 Jahren Symphonien schreiben?) stürzt mich wieder in alle Qualen

12 Vgl. Friedrich Hebbel, *Tagebücher*, Eintrag vom 3. Januar 1836, in: *Werke*, hg. von Gerhard Fricke, Werner Keller und Karl Pörnbacher, Bd. 4, München 1966, S. 29 f.

13 Siehe S. 55, Anmerkung 10.

des Schaffens, und zwar mit dreifacher Wucht. Ich war noch nie so ganz ohne Einfall wie gerade jetzt, und auf die Dauer ist mein »Fett«, von dem ich noch zehre, auch nicht ewig vorhaltend. Elender Zustand unter dem Zwange eines solchen Talents arbeiten zu müssen und immer wieder zu müssen, hin- und herpendelnd zwischen Schaffenslust und Schaffensqual – – –

[18ʳ] **Mittwoch, den 25. Juli 1945**

Gestern bei Jarnach[14] und Schneider[15] gewesen. Jarnach kritisiert sehr scharf das *Trio* (für Violine, Viola und Violoncello).[16] »Keine ›Idee‹; gut gemacht und richtige Steigerungen etc. etc. etc., aber ›Leerlaufmusik‹«. Auch er sieht im Klanglichen, wie Schneider, das Problem des *Trios*, allerdings fordert Jarnach mehr Substanz, mehr »Idee«. Beide beurteilen die *Symphonie* günstiger.

So sehr mich Jarnach durch die Ablehnung des *Trios*, eben durch die Art *seiner* Gründe, verblüfft hat, so sehr gebe ich ihm recht in der Forderung nach der »Idee« des musikalischen Kunstwerkes. Allerdings differiert mein Begriff der »Idee« von dem seinigen: Nicht das »monstrum per excessum« soll das Prinzip der musikalischen Konzeption sein, sondern die innere Wahrhaftigkeit des musikalischen Gedankens und seine konsequente und kompromißlose Darstellung im Kunstwerk, d.h. auf gut Deutsch: jeden Ton verantworten können!!! Und das kann ich gerade bei dem *Trio*. [18ᵛ] Was *so* mit »Herzblut« geschrieben ist, kann nicht anders verstanden werden. Ich glaube, daß bei beiden, Jarnach und Schneider, das Mißverstehen auf stilistischen und theoretischen Ansichten und darum auch »Gründen« beruht. Der leidige Intellekt bei den Musikern – – – Jedenfalls werde ich *noch* ernster und *noch* kritischer als bisher arbeiten. Mehr Idee!!! Jawohl!!! Mehr Klang!!! Jawohl!!! Aber auch mehr Persönlichkeit, bei meiner Ehre, meine Herren Kritiker und Professoren!!!

14 Zu Philipp Jarnach siehe S. 21, Anmerkung 13.

15 Albert Schneider (1905-1985) studierte wie Zimmermann Komposition und Musiktheorie bei Heinrich Lemacher an der Kölner Musikhochschule. Um 1943 war er Lehrer an der Rheinischen Musikschule zu Köln und in den fünfziger Jahren Dozent am Privatmusiklehrerseminar der Kölner Musikhochschule.

16 Die Arbeit am *Trio für Violine, Viola und Violoncello* reicht vermutlich bis ins Jahr 1943 zurück. Die Uraufführung fand am 23. Juni 1944 im Rahmen der 8. Hausmusikstunde der Kölner Musikhochschule statt. Ausführende waren Gerda Keller-Müllmerstaedt (Violine), Josef Linssen (Viola) und Eusebius Kayser (Violoncello).

Samstag, den 28. Juli 1945

Die Arbeiterpartei, die »labour-party«, hat den Wahlsieg davongetragen. Attlee[17] ist jetzt Premierminister. Man muß gespannt sein, wie England den plötzlichen Ruck nach links über- und bestehen wird.

Die Tschechoslowakei »löst« die Frage der 3 1/2 Millionen Deutschen (die bei 3 1/2 Millionen Tschechen und 3 Millionen Slowaken eine sogenannte »völkische [19ʳ] Minderheit« darstellen) durch Ausweisung nach Deutschland. Jedes Privateigentum wird beschlagnahmt.

Die neue »nationale Regierung« in Polen weist 3 Millionen Schlesier aus, die Russen vertreiben die Ostpreußen…

Im russischen Besatzungsgebiet hat die Militärregierung angeordnet, daß die Gelder aller Bank- und Kreditanstalten zu beschlagnahmen sind.

In der amerikanischen Besatzungszone werden sämtliche zivilen Kraftfahrzeuge »zur Verwendung im öffentlichen Interesse« beschlagnahmt.

Die Schweiz folgt dem Beispiel anderer Länder, die alle deutschen Bankguthaben »sperren« ließen, und sperrt ebenfalls alle Bankguthaben, damit die »Nazis« nicht ihre »Notgelder« im Ausland abheben können.

17 Clement Richard Attlee (1883-1967) trat 1940 in das Kriegskabinett Winston Churchills ein und wurde kurz darauf zu dessen Stellvertreter ernannt. Nach dem Wahlsieg der Labour Party war er bis 1951 Premierminister.

Dienstag, den 31. Juli 1945

Wenn ich mir über das eigentümliche Gefühl der Leere Rechenschaft geben wollte, das mich nun seit ein paar Tagen wieder befallen hat, so müßte ich es wohl zuerst auf jene Szenen der vergangenen Woche (mit [19ᵛ] Entlobung, Versöhnung, Streit und abermaliger Versöhnung) zurückführen; aber diese Vorgänge allein »erklären« nicht jenen schon früh und oft gekannten Zustand. Wenn er sich in der letzten Zeit weniger häufig eingestellt hatte, so lag es wohl daran, daß meine Zeit zum überwiegenden Teil eben meiner Braut, deren Familie etc. etc. etc. gewidmet war; Stundengeben, Laufereien kommen auch noch dazu und alles, was dazu beiträgt, die Zeit durch derlei Beschäftigungen nutzlos zu vergeuden.

Es ist eigentlich und letztlich doch sehr sonderbar, wie

schwer ich von Menschen loskommen kann, die mich einmal gepackt haben. Obwohl ich rein vernunftmäßig die Notwendigkeit einer wenigstens zeitweiligen Trennung dringend erkenne, vermag ich sie gefühlsmäßig nicht durchzusetzen, und mit der geheimen Furcht, *sie* würde die Gründe unserer (von meinem Verstande geforderten) Trennung in ihrer tatsächlichen Stichhaltigkeit erkennen und durchführen, entwickle ich ihr, selbst in der Bedrängnis, das von mir Erkannte konsequent [20ʳ] befolgen zu müssen, in eben dieser paradoxen Verfassung *die* Gründe, die ein unbeteiligter Beobachter geltend machen würde, eben weil er unbeteiligt ist, und die ich auf Grund meiner »Beteiligung« eben so scharf erkenne oder vielleicht noch schärfer, aber auf Grund ebenderselben »Beteiligung« hinwiederum nicht durchführen kann, weil man eben – man muß schon in diesem Falle *dämlicherweise* sagen – verliebt ist. Ich weiß nicht, ob das allen so geht: Das Verzeihenmüssen ist stärker als alles andere. Zuletzt ist es, wie immer, ja doch eine komplizierte, gewissermaßen konstitutionsbedingte Form des Selbsterhaltungstriebes oder verfeinerten Egoismus: Man verzeiht die Fehler der Geliebten, selbst wenn es schwere sind, um eben die Geliebte (im gegenteiligen Falle) nicht verlieren zu müssen. Nun haben wir unser Verhältnis wieder »instand« gesetzt, in den alten Stand freilich nicht. Etwas büßt man immer ein: vom früheren Schwung, von der früheren Bedingungslosigkeit des Gefühls vor [20ᵛ] allen Dingen. Und das ist eigentlich das Schlimmste daran: die Erkenntnis der Relativität der Liebe – oder etwa *dieser* Liebe? Aber der Evangelist sagt: »Die Liebe verzeiht alles und duldet alles.«[18] – – –

18 Vgl. 1Kor 13, 4-7.

Das Problem des Klanglichen. Mir scheint, als ob Hören mehr eine psychologische denn physiologische Sache sei. Vermöge einer bestimmten Art von Gewöhnung sind gewisse Leute nur fähig, eine Reihe von mehr oder weniger gut geordneten Dreiklängen im Nacheinander einer musikalischen Form zu hören. Was darüber hinaus geht, wird als Kakophonie empfunden. Andere sind vermöge einer theoretischen Einstellung nur imstande, Klänge innerhalb der Grenzen ihrer Theorie zu hören. Sie sind demjenigen Ochsen vergleichbar, der auch dann, als seine bisherige Umzäunung wegfiel, noch immer denselben Trott seiner Gewöhnung weitertrottete, so, als ob der alte Zaun noch existiere. Andere, mit einem besonderen Klangsinn [21ʳ] Begabte, weisen neue Wege des Klanglichen, und es hängt von der Art der noch zu entdeckenden Welt des neuen Klanges ab, deren Ahnung die vage und variable Richtung des Suchens weist, ob die Wege der Einsamen die richtigen waren. Gewiß ist das »Operieren« mit neuen Klängen kein Experiment; es soll es jedenfalls nicht sein, und der Klang ist ja zuletzt sekundär, er ist mit Vorbehalt ein Ausfluß der Melodie, und die Melodie ist primär Klangbildnerin, so paradox es erscheinen mag. Wir haben eben einen neuen Klang, seitdem wir eine neue Melodie haben, und der Impressionismus hat objektiv gesehen keinen wesentlich neuen Klang (rein harmonisch gesehen) gebracht, sondern nur eine neue Art des Klangerlebnisses vermittelt, indem er den Klang durch Farbigkeit zu verselbständigen suchte, indem er ihn zum sensiblen Reizmittel parfümierte – zuletzt auf Kosten der Melodie. Und von dort erfolgte auch die Reaktion. Die Atonalität war nichts anderes als absolute Melodie. [21ᵛ] Das war natürlich eine wesentliche Verkennung des Klanglichen, konzentriert in der Melodie; denn jeder Ton, den wir als solchen ansprechen, hat platterdings Obertöne, und somit bringt jede, wenn auch »unbegleitete« Melodie, ein ganz bestimmtes Klangband zum Schwingen, und es ist zuletzt dem sehr komplizierten Vorgang der musikalischen Geschmacksbildung, des Zeitgeschmacks im guten Sinne, überlassen, aus diesem Klangband den homogenen, entsprechenden Klang herauszulösen: eine »Arbeit«, die auch der Komponist zum Teil leisten muß!

Donnerstag, den 2. August 1945

Der heutige Tag war in seinem Verlauf vorzüglich durch das Gefühl der früheren Leere und Sinnlosigkeit gekennzeichnet, das mich seit jenem verhängnisvollen Freitag unserer Entlobung[19] in altem Umfange wieder befallen hat: das Gefühl, einen großen Schiffbruch erlitten zu haben, gescheitert zu sein, und zwar nicht so sehr an dem Menschen, [22ʳ] den man verloren hat, als an dem Glauben und dem Vertrauen, die beide zumindest schwer erschüttert worden sind. Ich frage

19 Gemeint ist der 27. Juli 1945.

mich allen Ernstes, ob es nicht zuletzt um seiner selbst willen besser ist, endgültig auf *den Menschen*, den man sich wohl mehr selbst gebildet als tatsächlich gesehen und verstanden hat – dafür bin ich meiner ganzen Natur nach wohl zu sehr mit mir selbst beschäftigt – zu verzichten und seine *Anwesenheit* als notwendiges Attribut der Lebensführung aufzufassen und in dieser Hinsicht anzuerkennen – und dafür verlangt *sie* jedoch zu sehr *den Menschen* in mir. Es ist immer wieder der gegenseitige Anspruch unserer Individualität, der ein zuletzt befriedigendes Zusammenleben unmöglich machen wird. Und doch würde ich nicht endgültig auf sie verzichten können. Wir haben, um einen geschäftlichen Vergleich zu bringen, zuviel seelisches Kapital gegenseitig investiert, wir sind zu stark aneinander beteiligt. Ob es immer so sein wird, daß man an dem Besten, was man hat, so leiden muß??? – – –

[22ᵛ] **Mittwoch, den 8. August 1945**

Gestern war ein Tag, wie selten einer seit langem war. Das vernichtende deutliche Gefühl und Bewußtsein der Zwecklosigkeit und offenbaren Sinnlosigkeit dieser Zeit steht in derartiger Schärfe und Kontinuität über allem, daß es nachgerade witzlos wirken müßte, wenn man sich nicht mit ruhigem Gewissen eine Kugel vor den Kopf schießen würde – vorausgesetzt, daß man eine Pistole oder etwas derartiges bekommt; denn der Engländer wacht darüber, daß kein Deutscher Schußwaffen und Munition besitzt. Auf's Ganze gesehen ist der Gedanke an den Selbstmord eine gute Beruhigung, der in den verzweifeltsten Situationen hilft, und Nietzsche hat (mon Dieu) nicht Unrecht, wenn er behauptet, daß der Gedanke an den Selbstmord schon manchem über schwere Stunden hinweggeholfen hat.[20]

Was mich immer wieder ins Staunen versetzt, ist die Tatsache der Relativität unserer eigenen Meinung über uns selbst. Daß das »Erkenne dich [23ʳ] selbst«[21] ein frommer Afterwitz der Griechen und ein pädagogisches Postulat der Alten war, dürfte doch bei der Beschaffenheit unserer introspektiven Anlage (auf Deutsch Reflektion) nicht ein gewisses, wenn auch meinetwegen sehr geringes, aber feststehendes

20 Vgl. Friedrich Nietzsche, z.B. Nachgelassene Fragmente Nr. 114, Nr. 202 und Nr. 296, in: KGW, Abt. V, Bd. 1, Berlin 1971, S. 102 ff., S. 176 ff., bzw. S. 222.

21 Für die Inschrift am Apollotempel in Delphi wurden Zuschreibungen an verschiedene vorsokratische Philosophen vorgeschlagen.

Selbsterkennen möglich machen: etwa in der Art, daß ich von einem riesigen Babel von Zimmern, Treppen und Fluren, Sälen und Hallen meinetwegen die Eingangshalle oder das Portal mit einiger Sicherheit kenne. Das Gegenteil ist der Fall, und eine schon zufällige geringe Schwankung im Gefühls- und Willensleben bringt unter Umständen eine fundamentale Veränderung der geistigen und seelischen Gesamtschau mit sich, die gerade in der Annahme schicksalhafter Konstellation der Dinge und des Lebens letztlich nur eine willensmäßige Einstellung zu all diesen Einflüssen mit dem Bestreben, möglichst unabhängig davon zu leben, bewirken kann, ohne deshalb (durch die Tatsache ihrer postulativen Bedingung) eine Gewähr für eine allseitige [23ᵛ] befriedigende Lebensführung bilden zu können.

Wenn die Tatsache, daß man trotz aller Gegengründe, die man vernunftmäßig erkennt, einen Menschen nicht aus den unbewiesenen und (deshalb vielleicht) stärkeren Gründen des Herzens verbannen kann (so angeraten es auch manchmal erscheint), für die »richtige« Liebe spricht, so liebe ich meine Braut gewiß richtig, und sie müßte demzufolge die »Richtige« sein. Jedenfalls kann sich meine Braut darauf was »zugute« tun, daß sie mich wie noch keine andere Frau in des Wortes gröbster Bedeutung *gefesselt* hat, nicht immer zu meinem Vorteil, wie das Wort selbst erklärt. Doch sei es drum, wenn es so sein soll – – –

[24ʳ] **Donnerstag, den 9. August 1945**

Ein trüber und regennasser Tag. Jene Musikschreiber, die auch komponieren (nur nichts Gescheites) und solche Angst vor dem »neuen Klang« haben (die sie aber natürlich nie zugeben wollen), sind in den allermeisten Fällen – und das ist das »Besondere« daran – *identisch* mit jenen Leuten, deren »vollendetes« (sprich verbildetes) Stilgefühl es nicht zuläßt, daß »um der Konsequenz des Klanges willen« neben Dissonanzen auch einmal, wie tragende Säulen das Gewölbe stützen, wohlbegründete Konsonanzen erklingen, und die darob (ob dieser »Stillosigkeit«) entrüstet und »musikalisch beleidigt« sind, wie man aus manchen Äußerungen entnehmen muß. Die theoretische Blasiertheit dieser intelligenten Clique ist beleidigender als die musikantische Hemmungslosigkeit eines zünftigen Jazzorchesters, und ein frenetisches Brunstgewieher ist jedenfalls immer noch besser zu ertragen als »kultivierte« Impotenz. Und nebenbei: Zuerst kommt die Melodie!!!

[24ᵛ] **Samstag, den 10. [11.] August 1945**

22 Zu Hans Haass siehe S. 20, Anmerkung 9.

Bei Hans Haass²² gewesen: sehr nachhaltigen und tiefen Eindruck seiner Persönlichkeit gewonnen. Ein deutscher Musiker, der in seinem Instinkt, von dem Neuen das Gute mit Bestimmheit herausfinden zu können, *vielleicht*, in der Geradheit und Unbedingtheit seines Weges jedoch *nicht* bezweifelt werden darf.

Es ist doch manchmal recht erstaunlich zu sehen, wie das Unglück den Menschen zu läutern vermag. Haass, der sich mit seiner Frau (nach Gerüchten zu urteilen) angeblich nicht verstehen soll, scheint allem Anschein nach ein fast vorbildliches Leben des restlosen Verstehens zu leben. »Wir sind ganz arm geworden«, so sagte er. Arm an Besitz, aber nicht an Gesinnung und Charakter. - - -

Mit I. O. eine Stunde auf ihrem Schlafzimmer – in den anderen noch unbeschädigten Räumen war Besuch – unterhalten.

Das wenige Beisammensein mit meiner Braut zeigt mir eigentlich immer mehr, wie wenig wir uns – d.h. genauer gesagt »sie« mich versteht. [25ʳ] Wenn dieses gute Mädchen (in ihrem manchmal mehr oder weniger naiven Egoismus und ihrer himmelblauen Ahnungslosigkeit, um ein böseres Wort zu vermeiden) wüßte, wie sie dadurch mehr und mehr die Grundlage eines erträglichen (jedenfalls für mich) Zusammenlebens, Verstehens und Sich-gegenseitig-Bedingens zersetzt, von Liebe ganz zu schweigen, die ja »immer« vorhanden sein soll, und wie sie die reine Atmosphäre des Vertrauens vergiftet und mir damit das Leben zur Qual und den Tod manchmal zum Erlöser macht, ich glaube, sie könnte nicht so handeln. Aber sie weiß es!!! Bestimmt!!! Und so ziehe ich allmählich einen Stützpunkt nach dem anderen aus der »Zone«, um militärisch zu sprechen, ihres Herzens und guten Willens zurück: ein geschlagenes Unternehmen, Bernd! Und alle Anstrengungen, Opfer und Verluste umsonst! Doch noch habe ich nicht kapituliert; noch ist es nicht das dringende Gebot der eigenen Existenz, zu kapitulieren. *Noch* nicht – – –

[25ᵛ] **Mittwoch, den 22. August 1945**

Nachdem mein Bruder[23] mich fragte, was ich mir denn eigentlich bei der Komposition des ersten Satzes meiner *Symphonie*[24] gedacht habe, stellte ich wieder einmal fest, daß ich wirklich nichts dabei »gedacht« hatte, jedenfalls nicht in dem üblichen Sinne. »Denken« soll man nach meinem Dafürhalten in der Musik nicht!!! Im übrigen ist es eine Binsenweisheit, daß jedes gute Stück seinen Gedanken, wohlverstanden seinen musikalischen Gedanken, hat, und *den* kann man platterdings nicht mit *Worten* sagen. Ich jedenfalls kann es nicht und mag es auch nicht. Es wäre dasselbe, wenn ich von Goethe verlangen würde, er solle mir das, was er sich bei der Abfassung seines *Werther* gedacht habe, auf dem Klavier oder in einer Symphonie sagen. Es ist doch so, daß das, was man sagen will (im übrigen kommt es beim Zuhörer nicht in erster Linie *darauf* an), ein solch komplexes Ganzes ist, daß man es schlechterdings nicht zu Stücken schlagen und [26ʳ] zerfasern kann. Im übrigen kann ich mit solchen Fragen zur Verzweiflung gebracht werden. Ich glaube bestimmt, daß Beethoven unter der zugrundeliegenden »Idee«, die ihn bekanntlich immer begleitete und nie verließ, die »Idee« der *musikalischen Form* verstand, jene Idee, die auch mich Tag und Nacht nicht verläßt und unter deren Einwirkung das musikalische Ganze in allerschwerster Arbeit langsam wächst und gewissermaßen wie der Stamm der tausendjährigen Eiche immer neue Ringe ansetzt und sich so zu seiner überdauernden Kraft härtet. Die »Idee«: jenes Zusammenwirken und Zusammenfallen von geistigen Anregungen, durchwachten Nächten, hergewehten Tönen, aufgenommenen Einwirkungen, hochfliegenden Gedanken, schweren Erschütterungen und Enttäuschungen, Liebesnächten, Frauen; die Idee: jener Filter der Seele, der Endpunkt und das Ergebnis einer langen und reifenden Entwicklung.

23 Dr. Joseph Zimmermann (geb. 1916) lebt als Leitender Regierungsdirektor a.D. und ehemaliger Landesbeauftragter für Naturschutz und Landschaftspflege des Landes Nordrhein-Westfalen in Düsseldorf.

24 Siehe S. 55, Anmerkung 10.

[26ᵛ] **Samstag, den 1. September 1945**

Ich glaube bestimmt, daß sich in der nahe bevorstehenden Zukunft etwas sehr Entscheidendes entwickeln wird. Noch weiß ich nicht wo, was und wie – aber es wird sich entscheiden. Schon spüre ich gewissermaßen in der »Vorentscheidung« die erlösende Erleichterung der Seele, die Befreiung. Wovon?

Wie erklärt sich eigentlich jenes eigentümliche Gefühl, im Raume schwebend »aufgehangen« zu sein, ein Gefühl, was ich schon aus meiner Kindheit kenne – mit dem Atemwehen jenes unbeschreiblich weiten, gehenden Höhenflugs, jenes göttlich fruchtbaren Windes über den Niederungen unserer Seele: O, jene steigende Süßigkeit in einsamen Stunden der Erwartung, die du die schweifende Qual unseres leidenden Herzens ablösest durch die andere Liebe deiner behutsamen, glättenden Hand.

[27ʳ] **Samstag, den 22. September 1945**

Als ich heute rein zufällig jene Stelle aufschlug, in der Malte Laurids Brigge dem Sterbenden in der Cremerie gegenübersitzt,²⁵ war ich doch erstaunt, wieder jene eigentümliche Wahlverwandschaft zwischen dem armen Pariser Studenten und mir festzustellen. Ich kann mir nicht denken, daß es *nur* jene passive, morbide, gewissermaßen buddhistische Überempfindlichkeit gegenüber allem bloß Existierenden ist – dieses Leiden am Sein »a priori« – und auch nicht nur das Leiden an der jetzigen Zeit, dieser schreckhaft unsinnigen, wahrhaft verdammten Zeit, sondern eher eine Ahnung von dem endgültigen und totalen Verfall einer Sphäre, die uns lebensnotwendig geworden war, fast selbst notwendiger als das einfache biologische Da-Sein. Alles Tun scheint mir wie im Angesichte dieser drohenden Sphinx am blutroten Horizont kaum vergangener Schrecken getan zu sein: Vergeblich! Umsonst! Zwecklos! Vertan! Dieser furchtbare Orgel- [27ᵛ] punkt der Zeit!!! – Man muß gespannt sein, wie man dem Opfer der abertausend Geopferten gerecht werden wird. Man wird, wie immer, dem Unsinn auch dieses Opfers einen Namen geben können, ohne

25 Rainer Maria Rilke, *Die Aufzeichnungen des Malte Laurids Brigge*, in: *Sämtliche Werke*, Bd. 6, S. 754 ff.

dadurch der Sinnlosigkeit, der schreienden Sinnlosigkeit der Hekatomben dieses Krieges, auch nur eine Spur von Sinn verleihen zu können. Nach dem ersten Weltkriege fand man das Symbol des unbekannten Soldaten, das Heer der Namenlosen, die im Toben der Materialschlachten ihr Gesicht verloren hatten; man deutete das große Sterben als Untergang einer Zeit. Aber es waren nur die ersten Anzeichen davon – – –

Nachgerade scheint es mir immer witzloser zu sein, angesichts solcher Erkenntnisse überhaupt noch an eine Beeinflussung des Dinglichen durch ein geistiges Prinzip glauben zu können. Dieser ganze Krieg ist ein furchtbarer Beweis der Ohnmacht aller sogenannter sittlicher und auch [28ʳ] christlicher, überhaupt geistiger Seinsordnungen – oder ist es die Gewalt des Bösen an sich, das Prinzip der konsequenten Verwirrung der Begriffe, des geistigen Chaos dieser Zeit? Ist es jene systematische Zersetzung des *Wesentlichen* durch die Lauge des destruktiven Intellekts, jenes »Ferment der Dekomposition« des Geistes und der Begriffe, die wir allein einerseits als hemmungslose Überintellektualisierung – das eigentliche Prinzip der geistigen Zerstörung –, andererseits als hemmungslose Machtgier – das eigentliche Prinzip der dinglichen Zerstörung – im Kommunismus und damit auch, so paradox es klingen mag, Kapitalismus verkörpert sehen; denn Kommunismus und Kapitalismus sind die eigentlichen Ursachen des Untergangs des Abendlandes. Beide Formen sind notwendige Entwicklungsformen der europäischen Geschichte geworden. Wie wird sie weitergehen???

[28ᵛ] **Freitag, den 28. September 1945**

Ob es wohl diese Angst vor dem Leben, vor dem Leben-Bestehen-Müssen, auch bei anderen Menschen gibt? Dieser Ton, der der Komposition des Lebens seine durchsäuerte dunkle Farbe gibt, so wie die Gelbfärbung den Leberkranken anzeigt? Auch die hellen Farben der Freude erhalten einen ungesunden Ton durch seine Dazwischenkunft, und das Übermaß an Freude oder Kraft bei vielen Menschen, besonders bei denen, die starke Leidenschaften besitzen, ist oft nur eine zusätzliche Anstrengung, dieses Element der Trübung, in jeder Hinsicht, ausschalten zu können mit der gleichzeitigen resignierenden oder auch aufpeitschenden Erkenntnis, zuletzt doch nicht dazu fähig zu sein. Und so überzieht diese rembrandtbraune Patina all unser Handeln und Sein, und die hellen Seiten sind nur die reagierenden – gewissermaßen – Kontrast-Evolutionen unseres Willenslebens. So ist denn Kraft vielleicht nur ein Antagon der Schwäche, und die freudigsten Menschen wohl nur die traurigsten in dieser relativen [29^r] Sphäre sich umkehrender Wirkungen. So wird denn die Frage nach der kardanischen Achse alles Seins immer dringlicher, indem wir in ihr das zentrale Prinzip der absoluten Aufhängung alles Seins und Geschehens erblicken – müssen. Die Christen nennen dieses Prinzip Gott, und man verstand in den Zeiten, in denen man noch die dazugehörige Kraft des Glaubens und die dazu erforderliche Naivität und Einfachheit des Gemütes hatte, eine recht leidliche Sache darunter, die vielen Dingen wie Kunst, Kultur und Moral nicht eben sehr zum Schaden war – im Gegenteil. Nachdem man heute nach »glücklichen« dreien Jahrhunderten der systematischen Entfernung von all diesen Dingen (sprich Liberalismus) infolgedessen nicht mehr das Zeug für eine hinreichende Religion hat (der eigentliche Grund allen Übels), ist man, wie es scheint, wirklich im Zustand der vollständigen »conturbatio« angelangt, gewissermaßen der absoluten Relativität. Man verzeihe das Wortspiel. [29^v] Daß man nun nach restloser Zerstörung des Alten nicht sofort das Neue zur Hand hat (Rom kann man in drei Tagen zerstören, aber nicht in drei Tagen aufbauen), ist eine uralte Erkenntnis. Sie bestätigt sich auf's Neue in all ihrer Furchtbarkeit. Mir scheint, daß das Wort von der aus den Fugen geratenen Welt sich schrecklicher nie bewahrheitet hat als in unserer Zeit. »Quo usque tandem…?«[26]

26 Beginn der ersten *Catilinarischen Rede* Ciceros.

Donnerstag, den 11. Oktober 1945

Dieser Tage war er mir schon einmal gekommen, der Gedanke, einmal, ein einziges Mal, *den* Menschen zu finden, und nicht nur zu finden, sondern auch zu haben, den man sich träumt. Man muß schon sagen: den man sich träumt; denn man findet ihn nicht, ganz gewiß nicht! Wir werden dem

Schicksal dankbar sein, wenn es uns den Menschen schickt, den wir brauchen, um unserer Aufgabe gerecht zu werden. Das wird jedoch ein seltenes Glück sein, das wohl nicht jedem zuteil wird. [30ʳ] Gott, wir Menschen sind ja so eingebildet, daß wir in jeder Tatsächlichkeit in den allermeisten Fällen ein »Glück« für uns herausschlagen. »Ja,« so hört man, »im Großen habe ich doch immer ›Glück‹ gehabt!« Wahrscheinlich ist das Verfahren erträglich, und es wird wohl wenige Menschen geben, die dem kalten, unerbittlichen Schicksal völlig illusionslos in das furchtbare Antlitz zu schauen vermögen. Und so ist auch der Gedanke, einmal einen Menschen zu finden, *den* Menschen, den es nicht gibt, eine Konzession an diesen – gewissermaßen – Illusionismus aus Selbsterhaltungstrieb; denn wo gäbe es den Menschen, der so wenig mit sich selbst zu tun hat, daß er noch Zeit und sogar Fähigkeit hat, die Tonart zu erraten oder zu erspüren, in der der Andere gestimmt ist? Wohl der Grund dafür, daß manche Menschen trotz allen und besten »Transponierens« (um bei dem musikalischen Beispiel zu bleiben) nie recht stimmen. Ich glaube bestimmt, daß die »harmonische Ehe« eine Erfindung unkritischer Phantasten ist. Strindberg kann ein »Lied« davon [30ᵛ] singen, obwohl bei ihm die Angelegenheit in ihrer gesellschaftlichen Begründung relativ einfacher lag als in der Ehekrisis der Jetztzeit, in der das Gesellschaftliche hinter dem Ethischen zurücktritt. Eine ungeheure Komplizierung der Liebe ist die Folge: auf der einen Seite ausgeprägte ethische Tendenz, auf der anderen moralische! Man bedenke: Ethik und Moral – und Liebe!?! Gewiß, jede Zeit hat seine Ethik gehabt, sein absolutes Prinzip der Sittlichkeit, und seine Moral, sein relatives Prinzip adäquater Umgangsformen,[27] die eigentliche »conditio sine qua non« jeder Zivilisation und umgekehrt noch mehr. Unsere Zeit ist ja eigentlich der beste Beweis für die Abhängigkeit der Moral von der Zivilisation und die Unabhängigkeit der Ethik von der Moral und damit auch der Zeit. Gerade die Überzeitlichkeit der Ethik scheint mir im Moment der einzige absolute Gedanke zu sein, der imstande wäre, einen Untergang des Abendlandes zu verhüten, falls [31ʳ] er sich überhaupt verhüten läßt und nicht als rein historische Entwicklung unabwendbar ist. Ich verstehe jetzt unter historischer Entwicklung das Zusammentreffen

27 Der sprachliche Lapsus erklärt sich vielleicht durch die strukturelle Parallele zur Textstelle »Alles hat seine Zeit...« aus dem Liber Ecclesiastes 3,1, die Zimmermann 1957 in seiner Solokantate *Omnia tempus habent* vertonte.

und Zusammenwirken aller geistigen Kräfte und Verhältnisse, die das Abendland und seine Kultur, »Religion«, Kunst und biologische Kontinuität bestimmen. Der Bolschewismus ist nicht nur machtpolitisch eine Gefahr für das Abendland, sondern in erster Linie »geistesgeschichtlich«, wenn man dieses Wort überhaupt auf die destruktive Mentalität der Vernichtung aller bestehenden Bezüge und Verhältnisse anwenden darf, und er ist deshalb so gefährlich, weil er aus einer kulturfeindlichen Doktrin durch die Umbiegung ins Proletarische ein vernichtendes Machtinstrument gebildet hat, das nur in der radikalen Umwertung aller Werte seine »geistigen« Grundlagen hat und aus dieser einzigen Schau einzig im Angriff auf alles Bestehende sich selbst versteht, eine furchtbare Apokalypse – – –

[31ᵛ] **Dienstag, den 16. Oktober 1945**

Gestern nacht wurde in der Bliesheimer Mühle eingebrochen. Eine Bande trieb die Einwohner mit vorgehaltenem Revolver auf ein Zimmer zusammen, plünderte das ganze Haus aus und verschwand wieder im Kraftwagen.

Der bekannte komische Augenblick bei der an und für sich wenig komischen Angelegenheit wird wohl der Anblick der umfänglichen Hausfrau gewesen sein, die, wie die Fama berichtet, nur mit einem für durchaus private Angelegenheiten gedachten »Reizhemdchen« bekleidet, »hands up« exerzieren mußte. Nitschewo!

Mittwoch, den 17. Oktober 1945

Die Not der Zeit scheint so ausweglos und die Zukunft so schwer, daß unter diesem Aspekt alles sinnlos zu werden droht. Wenn Mord, Raub und Vergewaltigung die ersten Ergebnisse der »demokratischen Freiheit« sind, so sind vollkommene Anarchie und Bruderkrieg die baldigen Folgen, und Europa geht mit [32ʳ] unfehlbarer Sicherheit in Trümmer. Ob die Herren in London und Washington sich nicht darüber klar sind, daß ein bolschewistisches, anarchisches Deutschland das hervorragendste Zersetzungsinstrument des Kommunismus in der ganzen Welt sein wird und damit erst *das* werden wird, als was man es im Nationalsozialismus bekämpfte: eine Gefahr für die Ordnung der Welt und den Frieden unter den Völkern.

Freitag, den 19. Oktober 1945

An diesem Tage kam alles zusammen, was dazu geeignet sein kann, die Ordnung des Gemütes zu zerstören. Der Verstand droht stille zu stehen. »Herz, mein Herz, was mußt Du ertragen...« Diese Worte kommen mir unwillkürlich in den Sinn. Dann der Anblick des Überfahrenen an der Unterführung zwischen Kierdorf und Berrenrath; die Arbeiter, die weiter arbeiteten, so als sei nichts geschehen. Der Tote, wie er in seinen beschmutzten Kleidern lag mit den Spuren der Räder, die über ihn hinweg- [32ᵛ] gegangen waren zu einer Tagesordnung, mit der der Verunglückte nichts mehr gemein hatte außer der Endlichkeit, die uns allen beschieden ist. »Media in vita.«

Und dieses Gespräch mit meiner mir verlobten Braut – – – Herrgott, ist es überhaupt möglich, daß Liebe *so* sprechen kann? Ist es möglich auch, daß ein solches Gefühl sich *so* irren und täuschen kann? Ist es möglich, daß zwei, die sich doch mit dem tödlichen Ernst eines leidenschaftlichen und heftigen, wahrhaftigen Herzens lieben, *so* gegenseitig mißverstehen können? Wo bleibt denn da die Gerechtigkeit, die immanente Gerechtigkeit der Liebe, dieses sonderbaren Zusammentreffens sich verkettender und verwirrender Umstände und Dinge, diese einmalige Konstellation des Herzens. Was ist denn das, daß es den ganzen Menschen in den Grundfesten erschüttert, ja daß es ihn vernichten kann? Die Liebe. Ja, dieser Inbegriff letzter Verbindung ist in Wahrheit der schärfste [33ʳ] Kampf zwischen den Geschlechtern, und die Verbindung ist weder ein Sieg des Mannes noch eine Niederlage des Weibes oder umgekehrt, sondern die natürliche Anerkennung der Rivalität der Geschlechter durch gleichzeitige Unterwerfung unter die Macht des anderen und des eigenen Triebes, und so ist in der Liebe Vernichtung und Schöpfung eigentümlich zusammengekoppelt, ebenso nahe wie Haß und Liebe. O, furchtbare Verwirrung der Gefühle! Und wehe den Herzen, denen sie beschieden ist, die Liebe in all ihrer Furchtbarkeit – – –

Klarheit, Klarheit! Ich finde bald nicht mehr durch! Herrgott, ich liebe sie, und ich kann nicht von ihr lassen, obwohl ich weiß, daß ich an ihr zugrundegehen werde. Gib mir endlich eine Entscheidung. Herrgott! Endlich eine Entscheidung! O, könnte sie doch ermessen, *wie* ich sie liebe und wie ich an dieser, an ihrer Liebe, an ihr, um sie und für sie leide. Herrgott, gib endlich Klarheit! Endlich – Klarheit!!!

[33ᵛ] **Dienstag, den 23. Oktober 1945**

Mit der »Proklamation des Internationalen Gerichtshofes« kommt die Dringlichkeit, eine *absolute Gerechtigkeit* (eine Utopie auf dieser Welt) zu ermöglichen und auszuüben, mit aller Notwendigkeit und aller Schärfe wieder zum Ausdruck. Eine wesentliche Frage scheint mir zu sein, ob es überhaupt möglich ist, ein »internationales Recht« zu sprechen; denn »Recht-sprechen« und »Recht-tun« ist von jeher etwas anderes gewesen. (Man denke nur an die Inquisitionstribunale, die Hexenprozesse, den Volksgerichtshof zu Berlin und ähnliche »Gerichtshöfe«.) Allerdings ist wohl, glaube ich, das *Recht* niemals *mehr* mißachtet worden (in der ganzen Welt und von allen Völkern!!!) als in unserer Zeit. Auch ein Grund vielleicht für die Schwere dieser Zeit, die mit keiner anderen vergleichbar ist. Und so scheint mir unsere Zukunft immer deutlicher das ausweglose, unrettbare und stumpfe Grausen eines schlimmeren und bitterern Endes zu sein, dessen Anfang wir nicht [34ʳ] verschuldet haben und nicht gewußt haben vor allen Dingen. Wir müssen das schlimme Erbe einer schlimmen Zeit übernehmen – – –

Mittwoch, den 24. Oktober 1945

Mir wurde es während meiner Fahrt per Fahrrad (das Auto des armen Mannes) von Euskirchen nach Bliesheim mal wieder klar, wie unersetzlich oft das bloße Bewußtsein ist, einen

Menschen zu haben, der mitfühlend mitleidet – etwas anderes als Mitleiden kommt ja in dieser Zeit nicht in Frage. Wenngleich die Erkenntnis, in entscheidenden Momenten doch allein und abgeschlossen von allem zu sein, dadurch nichts an ihrer Härte und ihrem atmosphärisch schweren Druck auf Gemüt und Seele verliert, so ist es doch immerhin der leichtere Weg, den man zu zweien zu jenen großen Abschieden geht, als der einsame, von allen verlassene Weg des vom Schicksal Verstoßenen. O, schwerstes Überstehen – – –

[34ᵛ] **Freitag, den 26. Oktober 1945**

Symphonia prosodica fertig instrumentiert. Gott sei Dank. Nun kann der Kampf um die Aufführung beginnen. Jetzt den richtigen Dirigenten. Herrgott, den richtigen Dirigenten jetzt – – –

Dienstag, den 20. November 1945

Wenn man so recht jene Unvollkommenheiten des Gemütes und der Seele bei denen, die uns zunächst stehen, bedenkt und vergleicht sie mit unseren vielleicht nicht geringeren Unvollkommenheiten, so mag *das*, was wir als Postulat von ihnen verlangen, unseren Nächsten und Besten, eher in das allgemeine Bild passen, in dem wir auch ihre Vorzüge nicht vermissen wollen. Es fragt sich nur, ob solches Verzeihen nicht Schwäche sein könnte? Und gleichermaßen fragt es sich, ob und inwieweit ein solches Postulat bestehen muß. Aber ich glaube, daß die Größe einer Liebe sich auch in der Größe der [35ʳ] gegenseitigen Forderungen manifestieren wird. Liebe ist Steigerung!

Donnerstag, den 13. Dezember 1945

Wenn man behauptet, daß der Dreizehnte ein Unglückstag sei, so scheint das, auf den heutigen Tag angewendet, zum Teil wahr zu sein. Nach einem hastigen Aufstehen nach schlecht verbrachter Nacht (der vorhergehende Abend war durchaus nicht zufriedenstellend sondern von jener passiven Resistenz gewesen, die bei meiner Braut das sichere Zeichen für irgendeine Verstimmung ist), ohne Morgenkaffee, schlecht rasiert, dabei noch ein Glas mit Rübenkraut zerschlagen, eine Vorlesung versäumt, Reisemarken nicht erhalten, das schlechte Wetter, kein Mittagessen, den englischen Offizier verpaßt, Laufereien für einen Ersatzpianisten. Nein! es war nicht schön.

Heute, an diesem dreizehnten Dezember, habe ich nun meine *Symphonie* Günter Wand[28] vorgespielt, dazu noch mehr schlecht als recht. [35ᵛ] Ich glaube, den ersten Satz hat Wand formal überhaupt nicht begriffen, sonst hätte er ihn nicht als »nicht aufführungsreif« (!) bezeichnet, gerade den ersten Satz, in dem ich die ganze Aussichtslosigkeit dieser Zeit in ihrer sinnlosen Trauer und ihrem vergeudeten Opfermut erlebt, selbst erlebt habe, nun, diesen Satz hat er offenbar nicht begriffen.

Das Scherzo[29] soll gespielt werden. Trostpreis!? Aber er muß auch den ersten Satz bringen – – – Warum diese Dirigenten eigentlich so eingebildet sind, so ästhetisch eingebildet? Je nun, er hat mir die Aufführung des Scherzos fest versprochen. Wenn er's hält, ist es besser als die Aufführung der ganzen *Symphonie* versprochen und nichts gehalten. Nitschewo!

Kant macht mir vorläufig allerhand zu schaffen. Diese Philosophie ist (bei Gott!) beinahe unmenschlich. Man darf es jedoch niemandem sagen.

28 Zu Günter Wand siehe S. 26, Anmerkung 26.

29 Den zweiten Satz der *Sinfonia prosodica* brachte Günter Wand unter dem Titel *Scherzo sinfonico* am 6./7. Mai 1946 mit dem Gürzenich-Orchester in der Aula der Kölner Universität zur Uraufführung.

[36ʳ] **Donnerstag, den 10. Januar 1946**

Das alte Jahr ist nun weggegangen, von niemandem betrauert, ein unbequemer Gast, der uns nur Leid und Schweres und so lotwenig Schönes gebracht hat. Es war dieses Jahr 1945 vielleicht eines der dunkelsten in meinem bisherigen Leben. Das bittere Ende des Krieges mit all dem, was er im Gefolge hat: Rachsucht, Ungerechtigkeit, Nichtigkeit, Krankheit, Gericht und Tod – und die Demütigungen, diese Demütigungen – – –
O, Deutschland, was ist aus Dir geworden? Wie ist Dein Volk zuschanden geworden, an sich selbst zunichte gegangen, wie wütet selbst Dein Volk gegen das eigene Blut, wie bist Du

selbst der Schmach und Verworfenheit Deiner Verworfensten anheimgegeben, wie ist das Edle gering und das Nichtige groß geworden unter Deinen Kindern, wie bist Du so in Not geraten, Deutschland, daß die Not Dich zu Gewalt und Zerstörung der Ordnung und Sitte gewaltsam treibt. Und wo [36ᵛ] ist von alledem ein Ende abzusehen in Ruhe, Sicherheit und Frieden? Ist es nicht Angst und Not, Unsicherheit und Schrecken, die am Horizonte unserer Zukunft stehen wie dunkle Wetter und Wolken vor der untergehenden Sonne? »Herr, bleibe bei uns, es will Abend werden.«[30]

30 Lk 24,29.

Wenn ich das vergangene Jahr übersehe, so ist sein Gewinn gering gegen seinen Verlust. Wieviel Treue und Glauben ging in diesem Jahr so unsinnig sinnlos dahin, und wieviel Mutlosigkeit und Müdigkeit war der »Gewinn« dieser verlorenen Zeit. Der Geist, noch betäubt von dem schweren Druck all der Schrecken und Ängste und Nöte, war in dumpfem Resignieren befangen. Noch war die vielleicht allzu schmerzhafte Deutlichkeit des klaren Überblicks nicht möglich bei der schmerzlichen Verdüsterung des Blicks in die Abgründe der Zeit. Die Seele, noch beschattet von der Wolke des schweren Schicksals, fand nicht den Weg zu der ruhigen Klärung [37ʳ] des Seins im notwendigen Zwange der Ordnung. Und so ist auch der erste Satz meiner Symphonie, die ich in diesem Jahr geschrieben und vollendet habe, der Ausdruck dieses dunklen, beschatteten Resignierens der Seele in leidenschaftlichen Ausbrüchen der Trauer um das zwecklos Geopferte und sinnlos Dahingegangene: ein Nekrolog auf den Opfergang der Ungezählten. –

Nun rauscht ein wohltätiger Regen auf das dunkle Land, und meine schreibende Hand wird müde und schwer. Ich denke an meine ferne Braut, denke auch an all das Schwere, das uns in diesem schwersten Jahr beschieden war. Herrgott, lenke Du in Deinem weisen Ratschluß unsere Geschicke, damit wir in Liebe einander gehören und Treue und Glauben unsere vornehmsten Ziele und Gerechtigkeit unser vornehmstes Trachten sei. Sei Du bei uns, wenn wir Dein bedürfen, Herrgott! Amen!

[37ᵛ]   **Montag, den 14. Januar 1946**

Man sagt, daß nach Tagen – oder seien es auch nur Stunden – des schönen und ungetrübten Glückes der Rückschlag um so härter, der Rückfall ins Unglück um so tiefer sei. Fast möchte man jene Stunden darum fürchten. Sei es drum! Und war es so unsagbar schön, so ist auch die Erinnerung an dieses Unsagbare und Schöne, o schöner Gedanke, so schön, so schwebend und leicht, daß man vermeinen muß, darin einen guten und starken Trost für das kommende Unschöne zu finden. –

Du, meine ferne Braut, die Du jetzt nicht hier bist, Dir danke ich den gestrigen herrlichen Tag – – –

Montag, den 21. Januar 1946

Meine Ahnung hat mich auch diesmal nicht getrogen. Der Rückschlag war der härteste, den ich je erlebt habe. Wenn es nicht so abgrundtief traurig wäre, durch den Nächsten, den man zu haben glaubt, auf *diese* Weise desillusioniert zu werden, so müßte man lachen und lachen. [38ʳ] Doch bin ich auf eine wunderbare Weise ruhiger geworden. Nicht, daß ich mich, wie eine Seidenraupe sich in ihr Seidengespinst einspinnt, in stumme Resignation einspinne, nein! Die Erkenntnis oder genauer gesagt die Erfahrung der reinigenden Kraft der Enttäuschung, die uns nicht zerstört und vernichtet, ist es, die diese Besinnung auf die Relativität aller menschlichen Beziehungen erst ermöglicht und die Besinnung auf die ungeweckten Kräfte des eigenen Ichs ist. – Gewiß, diese Besinnung ist Verzicht auf Verständnis, indem sie die Folge der Verständnislosigkeit, d.h. des Nicht-Verstehen-Könnens, ist. –

Ich habe die Erfahrung gemacht, daß die Begrifflichkeit der Anschauungen, die Klarheit des Urteils und die Kraft zu einer geordneten vernunftmäßigen Beherrschung der Dinge und Personen um mich neuerdings einer Verschwommenheit der Meinung, assoziativen Regellosigkeit der Begriffe und schwankenden Triebhaftigkeit des Gefühlslebens gewichen ist, die mich umso mehr entsetzt, [38ᵛ] als ich gerade jetzt der Zielstrebigkeit eines geordneten begrifflichen Erfassens der

Dinge am meisten bedarf. Das ewige »semper idem« meines Unvermögens, mich konsequent konzentrieren zu können! Was mir bei meiner Kompositionsarbeit gar keine Mühe und Aufwand macht, unermüdlich zu feilen und zu verbessern, bis sich die Form dem ihr gerechten Formbild am meisten genähert hat oder beide sich sogar erfüllen, das gelingt mir in meinem täglichen und nicht alltäglichen Leben manchmal so selten: mich ohne gefühlsmäßige Verwirrungen zur Einhaltung einer klaren, unbedingten Linie zu zwingen und zu erziehen. Und auch die Einsicht dieses Mangels schützt mich oft zu wenig vor der Zersplitterung meiner physischen und psychischen Kräfte, und die Befriedigung und Ruhe der künstlerischen Konzeption ist nur ein Öltropfen im Ozean der tobenden Gewalten aus der eigenen Tiefe und zerstörenden Süchte in der [39ʳ] eigenen Brust. Wenn ein Gott mir mehr zu leiden gibt als anderen, so gebe dieser Gott, ich bitte und verlange es, mir Ausdruck – und Form! Der erste Satz meiner *Symphonie* scheint mir in dieser Hinsicht wirklich eher vom Unverstand als von klarer Einsicht angegriffen zu werden. Doch »Schweig' stille, mein Herze.«[31]

31 Siehe S. 50, Anmerkung 5.

Donnerstag, den 31. Januar 1946

Klarheit der Gefühle! Klarheit der Begriffe! Unabdinglichkeit der Entscheidungen! Alles Worte, um deren Erreichung ich mich nun seit Jahren bemühe: d.h., ernsthaft jedoch nicht bemüht habe; denn es blieb immer bei den Vorsätzen. Je nun, die vergangenen Jahre, besonders die des Krieges, waren so unausgenutzt, so teilweise ganz verloren – aber sie waren auch randvoll von Erleben und Erfahrungen. Das alles liegt nun in mir wie ein wirrer und wüster Traum, und nun muß ich, *ich muß* ordnen; denn was an Gedanken, Begriffen, Vorstellungen und Erlebnissen ungeordnet quer und [39ᵛ] schief liegt, muß auf eine höhere Ebene der sichtenden und klärenden Ordnung gebracht werden. So notwendig diese innere Arbeit ist, so sehr fürchte ich jedoch die Schwierigkeiten, die mir meine querige und chaotische Gefühlswelt just im unrechten Moment machen wird. Das Bezeichnende in der »Ordnung« dieser Gefühlswelt ist das protuberanzenartige Aussprühen der

Vorstellungen in Wortklängen (wenn es sich um Darstellung in Worten handelt), die erst in dritter oder vierter Linie – meist nach späterer Durchsicht – die sinngemäße Zuordnung (wenn sie noch möglich ist) erfahren. Sprachimprovisation. Eigentümlich ist es, daß ich bei meiner musikalischen Arbeit im Gegensatz zur Sprachimprovisation so schwer und mühsam das tief verborgene Grund- und Formbild meiner Kompositionen suchen muß. Aber Musik ist vor allen Dingen lebende Form. Erfindung hat jeder, Form die wenigsten, und das ganze Leben [40^r] ist eigentlich ein unablässiges Streben nach ewiger und endgültiger Formgestaltung des ewig einen »Inhalts«, der da heißt: Herz, Leid, Liebe, Lust und Schmerz – – –

Der schreckliche Zustand vor der »Geburt« einer Komposition plagt mich, wie immer, wieder mit Heftigkeit. Das Ergebnis: Zweifel, Minderwertigkeitskomplexe, Unzufriedenheit mit mir und Unduldsamkeit mit anderen. Ich hasse mich dann selbst. Meine Braut muß doch sehr viel an mir in Kauf nehmen. Wenn sie nur nicht so schrecklich teilnahmslos mir gegenüber gerade in diesem wichtigen Punkt wäre und etwas verständnisvoller; unser Verhältnis wäre ungleich schöner. Ich suche ja immer und immer die Brücke zu Deiner Seele, Geliebte, zu Deinem Herzen habe ich sie ja gefunden – oder war es »lediglich« ein drängendes Sehnen, verzehrend und Leiden schaffend, das mich Dir in Deine Arme trieb, jene wunderbare und tiefe Leidenschaft zu Dir, [40^v] zu Deinem Blut und Deiner liebenden Wärme, zu Dir letzthin, in Deinen Schoß und an Deine zarten und andrängenden Brüste, Verlorene Du an Aphroditens heißes und herrliches Reich, Geliebte.

Mittwoch, den 6. Februar 1946

Gestern und vorgestern wurde Hindemiths *Violinkonzert* gespielt.[32] Da ich gestern nicht nochmals den Eintrittspreis entrichten wollte, stellte ich mich während der Aufführung in die Kulissen der Universitätsbühne. Es war ein sonderbar eindringliches Erlebnis: Während ich diesem Werk, wie einem längst bekannten und tief in mir verwurzelten, gewissermaßen

32 Hindemiths *Violinkonzert* (1939) wurde am 4./5. Februar 1946 im Rahmen des 11. Konzerts des Gürzenich-Orchesters in der Spielzeit 1945/46 mit dem Solisten Günter Kehr und unter der Leitung von Günter Wand aufgeführt.

mit dem inneren Ohr zuhörte, empfand ich schmerzlich und deutlich den nun schon allzubekannten Zustand des inneren und äußeren Kampfes um *mein* Werk, der mir Kraft und Ruhe zu meiner Arbeit raubt und mich [41ʳ] psychisch immer labiler und anfälliger macht. Dieser sonderbare Zustand wurde mir umso bewußter, als ich in dem *Violinkonzert* in Hinsicht der Tonsprache und Rhythmik die Richtung meiner eigenen Intentionen wie in einer eigentümlichen Parallelität vorgezeichnet fand, wodurch mir der Erfolg und das Ergebnis meiner bisherigen Arbeit wie vorweggenommen erschien. Dieser Eindruck bestärkt mich ganz besonders in meiner verschärften Selbstkritik eigenem Schaffen gegenüber, die umso schwerwiegender ist, als ich mich im Moment im Zustande einer beinahe absoluten Einfallslosigkeit befinde, der unerträglich ist.

Regen und Wind – und ein Tag, der mit einem Mißklang endete. Es ist doch eigentlich sonderbar, daß ich bei ihr immer so leicht den Eindruck der – fast möchte ich sagen – gehässigen Streitsüchtigkeit und kleinlichen Rechthaberei habe, von der ich vielleicht auch [41ᵛ] zuweilen nicht ganz frei sein mag. Wie unnütz sind doch solche Dinge – und wie schädlich. Noch nie habe ich die im tiefsten Grunde fragwürdige Einstellung-auf-den-Anderen an unserem Verhältnis so stark und bedrückend schwer empfunden als gerade in der letzten Zeit. Was uns zusammenhält, ist leider fast nur noch die Erinnerung an unsere frühere Liebe, die Gewöhnung oder vielmehr (oder noch genauer) die Nicht-Gewöhnung aneinander und ein zeitweiliges Sich-Finden in alten, auch wohl noch zurückersehnten Gefühlen und Zuneigung.

Montag, den 11. Februar 1946

Nun ist es wohl heute endgültig zu Ende gegangen – und alles war umsonst, trotzdem. Zunächst werde ich mich jetzt daran gewöhnen müssen, mich allein zu denken. Es wird gehen – müssen. Ferne, nun verlorene Braut, [42ʳ] ich habe mein Letztes versucht und bis zuletzt gehofft. Das Bewußtsein, Dich zu haben, war mir oft ein starker Trost, und oft hast Du mir zur Seite gestanden in Liebe und Anhänglichkeit – und nun, wo es mir schlecht geht, wo ich einen Menschen brauche, der Liebe und Verständnis für mich hat, der an mich glaubt und mir zur Seite steht, der zu mir sagt: »Fürchte Dich nicht. Ich bin immer bei Dir«,[33] nun bist Du von mir gegangen, weil Du – – – Ich will es nicht zu Ende denken, dieses kalte und nüchterne Wort: weil Du nicht mehr liebst und weil Deine Haltung zu mir erschüttert und vergiftet ist von Egoismus, Rachsucht und Eifersucht – – –

Doch stille: Eine Liebe, so rein und ehrlich in ihrer Absicht und Haltung, kann nicht verloren gehen, selbst wenn der »Gegenstand« der Liebe ein verlorener und vergebener geworden ist. (Ein schöner »metaphysischer Trost«) Doch stille, schweig' stille, mein Herze! [42ᵛ] Und so schreibe ich an diesem Tage das Gedicht des unbekannten Dichters in mein Tagebuch:

> Die Zeit ist hin, du löst dich unbewußt
> Und leise mehr und mehr von meiner Brust;
> Ich suche dich mit sanftem Druck zu fassen,
> Doch fühl ich wohl, ich muß dich gehen lassen.
>
> So laß mich denn, bevor du weit von mir
> Im Leben gehst, noch einmal danken dir;
> Und magst du nie, was rettungslos vergangen,
> In schlummerlosen Nächten heimverlangen.
>
> Hier steh ich nun und schaue bang zurück;
> Vorüber rinnt auch dieser Augenblick,
> Und wieviel Stunden dir und mir gegeben,
> Wir werden keine mehr zusammen leben.

[43ʳ] **Dienstag, den 12. Februar 1946**

Mit einem sonderbaren Gefühl zog ich heute den Ring ab, der bisher das äußere Zeichen meiner oder unserer Bindung aneinander war. Todmüde und innerlich ganz zerschlagen legte ich mich dann auf meine Couch und fiel augenblicklich in einen bleischweren und seltsam tiefen Schlaf. Etwas erfrischt und beruhigter wachte ich auf und mußte mich auch schon

---

33 Vgl. dazu 1Mo 26,24 und Jes 41,10.

sputen, um Heimsoeth[34] noch zu erreichen. Der Gedanke an meine verlorene Liebe und an meine Braut, von der ich mich – um meiner und meiner Liebe selbst willen – trennen mußte, nimmt meine ganze Seele ein. Geduld! Es muß sein. Ich hätte nicht gedacht, daß es so schwer ist: Man hat doch aneinander gehangen, und es gibt ja auch noch Erinnerungen – – – Es muß sein. »Vorüber rinnt auch dieser Augenblick.« Gott aber schütze sie [43ᵛ] und mache sie glücklicher, als sie mich gemacht hat.

Die eigentümliche Lage der modernen Harmonik wurde dieser Tage wieder in einer Debatte über Hindemiths *Violinkonzert* Gegenstand eines interessanten Gesprächs. Was bei allen, ganz gleich welche Richtung sie vertreten, fest stand, war der vorwiegend klangliche Eindruck. Das ganze Konzert wurde in erster Linie als harmonisch aufrüttelnd empfunden, während man das großartige Moment der neuen und ausdrucksstarken Melodik, die zweifelsohne das Primäre ist und die Harmonik als Emanation der Melodie erst sekundär bedingt, ganz vernachlässigte. Immer wieder dieselben Fragen: Warum statt des Simultanklangs, des »dissonierenden« Simultanklangs, kein Dreiklang? (Wobei »Dreiklang« als Konsonanz aufgefaßt wird.) Nach welchen [44ʳ] Gesetzen bauen sich diese Simultanklänge auf? Warum überhaupt der dissonierende Simultanklang? Warum nicht, wenn schon dissonierender Simultanklang, dann immer? (Wobei man dann von »Stilbruch« spricht, wenn es ein Komponist wagt, auch den konsonanten Dreiklang in seiner ganzen Ausdrucksgewalt sparsam, wie es sich für solche großen Ausdrucksmittel schickt, anzuwenden.) Ja ja, meine Herren, ein heute wenig gelesener Dichter hat es mal gesagt: »Wenn ihr's nicht fühlt, ihr werdet's nicht erjagen.«[35]

34 Heinz Heimsoeth (1886-1975) erhielt 1921 eine Professur für Philosophie an der Universität Marburg, 1923 an der Universität Königsberg und lehrte von 1931 bis zu seiner Emeritierung an der Universität Köln. Zimmermann besuchte von 1942 bis 1946 regelmäßig Vorlesungen von Heimsoeth.

35 Goethe, *Faust* I, »Nacht«, Vers 534.

Mittwoch, den 13. Februar 1946

Die langen, einsamen Abende sind das schlimmste: Alles erinnert mich dann an sie, und ich stelle mit einem tiefen Erschrecken fest, wie sehr ich sie noch liebe. Aber die erlebten Enttäuschungen und die schrecklichen Szenen der kalten Lieblosigkeit machen auch [44ᵛ] diese zarten Erinnerungen vergeblich, vergeblich mit Hinsicht auf die Fortführung des Verhältnisses – in einem höheren Sinne sind sie ja, können sie ja nicht vergeblich sein, diese Erinnerungen. Und schwer ist unser Verhältnis an Erinnerungen, an schönen und unvergeßlichen und weihevollen Stunden – – – Vorbei, aus! »Vorüber rinnt auch dieser Augenblick.« Nun bin ich wieder allein. Die Hand und das Herz, das ich ihr ganz und ohne Vorbehalt gegeben hatte, ist zurückgestellt worden in den kalten, zugigen Erdenwind. Nun muß ich es, das Herz, das so gerne am warmen atmenden Busen der Liebe wohnte, wieder in meine eigenen Hände nehmen, auf daß es nicht zertreten wird von den Menschen und nicht zerdrückt wird von den Dingen und dem Schicksal. Liebe, wann wirst du mich wieder an deine mütterliche und schützende Brust nehmen? [45ʳ] Ohne dich bin ich ein armes und irrendes, törichtes Kind, unnütz für und auf der Welt, ungeübt für das Leben bin ich ein schwankendes Schilfrohr am Strom, der mich fortzureißen droht. Schicke du mir dein Licht, stärkende Liebe, du Kraft des Gemütes und Atem der Seele. Aber noch will ich die nährenden Schätze der gesegneten Erinnerung wandeln in festes Besinnen und in dieser Festigkeit mein Leben und Schaffen stärken, damit aus ihr die Form erstehe, die mir gemäß und gesetzt ist zu meiner Vollendung, Herr der Geschicke!

Freitag, den 22. Februar 1946

»Das Ewig Weibliche zieht uns hinan« – oder hinab![36] Diese I.S. ist, so scheint mir, nicht ungefährlich: sie hat eine sublime Art der Reizentfaltung, die zwingt, sich mit ihr auseinanderzusetzen. Ars amandi?

[36] Vgl. Goethe, *Faust* II, »Bergschluchten«, Vers 12110 f. und Friedrich Nietzsche, *Menschliches, Allzumenschliches* II, »3. Vorrede«, in: KGW Abt. IV, Bd. 3, Berlin 1967, S. 6 f.

[45ᵛ] ### Samstag, den 23. Februar 1946

Nun sitze ich wieder in der Nacht vor dem Schreibtisch: hoffnungslos, müde, ohne Vertrauen. Der Wind heult, und der Regen klatscht an die Fensterscheiben. Warum dieses Nichtverstehen-Können mit meiner Braut eigentlich gar nicht zu beheben ist, oder besser gesagt, zu beheben war? (Denn es ist ja aus.) Zwar geht mir die Liebe noch zuweilen allzusehr im Herzen um und wirft wieder alles durcheinander – aber »vorüber rinnt auch dieser Augenblick.« Ich glaube fast endgültig, daß eine Frau mir nicht das Verständnis entgegenbringen kann, das ich fordern muß um meiner und meiner Liebe willen.

Mittwoch, den 27. Februar 1946

Wenn das absolute Unabhängigsein von momentanen Stimmungen und Gefühlen ein Ideal ist, so erstrebenswert es an sich sein möge, so liegt [46ʳ] es mir schlechterdings nicht, und ich möchte fast nicht, daß es mir liege, wenngleich es mitunter mir mehr zustatten käme als das Umgekehrte. Denn gewiß ist der davon unabhängige Mensch der an Stimmung ärmere, wenngleich der beneidenswertere – oder auch nicht! Die Perspektive entscheidet hier alles. Warum nur eigentlich alle Eindrücke mit dieser doppelten Vehemenz auf mein Gemüt herniederstürzen wie Kometen durch den unendlichen Raum, und warum wohl alles Gefühl ist, zuerst Gefühl und lange nachher erst Gestalt und Form, und dieser Überschuß an Gefühl, dieser manchmal ach so verdammte Gefühlsüberdruck. Herrgott! Weniger Gefühl, aber mehr Gestaltungskraft und Gestaltungswillen! Aber so geht es auch mit der Komposition: zuerst sporadische, fast wertlos erscheinende Einfälle, formlos; dann lange nachher erst die bewußte Arbeit, die Verarbeitung mit aller »Schaffensqual«, wie es so [46ᵛ] schön heißt. Und dennoch: Das Ziel, dieses geahnte, nicht gewußte, das in aller Realität der Gefühle existierende, dieses Ziel liegt vor mir, nicht klar erkannt, aber eindeutig empfunden und darum umso unbedingter!

Donnerstag, den 7. März 1946

Es geht mir mit der Komposition wie mit meinen Briefen, Referaten etc. Zuerst andrängende, regellose, sporadische Einfälle und Stimmungen, Bilder, Gedankensplitter u.a. Dann die sogenannte »schöpferische Pause«: schrecklicher Zustand der geistigen Impotenz. Die Einfälle und Gedanken drehen spiralig wie Orionnebel sich im Unter- und Unbewußten und stoßen sich in wirbelnder Unruhe voneinander ab, drängen zur Form und erzwingen die gestaltende spätere Übersicht des ordnenden Verstandes und formenden [47ʳ] Willens. So fügt sich im endlichen Werk oft lange Gedachtes, früh Empfundenes und spät Gefühltes mit endlicher Klarheit im endgültigen Zusammensein, Zusammensetzen: im Komponieren! Eine lange Entwicklung, ein peinigendes, unbeschreiblich zähes Verarbeiten dieses Nicht-mehr-los-Können vom »Stoff«. Zuerst ist alles Gefühl; dunkles, ganz unklares, ganz unbestimmtes und vages Gefühl, was proteusartig hierhin und dorthin sich neigen kann, aber eben *nur dorthin* hinzielt in einer sich immer mehr entwickelnden, kristallisierenden Bestimmtheit. – Wie sehr ist dieses langsame zähe Durchsäuern verschieden von meiner vom bloßen Einfall oder Zufall impulsiv hierhin und dorthin geschleuderten Natur: allem offenstehend, nie etwas (außer der kompositorischen Arbeit) bis zur restlosen Konsequenz (d.h. zu meiner eigenen Zufriedenheit) durchführend, kindlich vertrauend auf der einen und verletzend mißtrauisch auf der anderen Seite, [47ᵛ] hochmütig und bescheiden in eins, pessimistisch und gleichzeitig von hochfliegenden Plänen und Taten träumend, traurig und froh: kurz, eine wenig gebändigte Natur; in dem und jenem stetig wechselnd Halt suchend, aber immer nur die eigene Unrast des Herzens findend, Menschen verbrauchend, verschwendend sogar, und innerlich dann so schwer und schmerzhaft davon los kommen können – O, daß ich Dich Musik habe. Du bist mir das, was ich sein möchte, notwendiges Glück, endliche Mäßigung und endgültige durchgorene Form – und Ruhe! Aber immer wieder ist zuerst alles Gefühl. Wie absurd erscheint mir gerade in letzter Zeit dagegen alle »philosophische« Reflexion. Die wahre Philosophie ist für mein Empfinden eben eine ästhetische Philosophie, und die Welt bleibt immer noch »nur als ästhetisches Phänomen ewig gerechtfertigt«. Und der Dichter, Musiker oder Künstler ist der wahre Philosoph, im [48ʳ] »philosophischen« Sinne also erst der wirkliche, wirksame, gewissermaßen einzig »empirische« und »praktische« Philosoph; dagegen der »Philosoph« lediglich der »theoretische« ist, mit aller verantwortlichen

Bedeutung, die dieses Wort als Postulat schon in sich trägt. Ist Bach nicht in demselben kantischen Sinne »a priori metaphysisch« in seiner *Kunst der Fuge* wie Kant in seinen *Kritiken*, oder Wagner in seinem *Tristan* wie Schopenhauer in seinem System? Man kann beides natürlich nicht vergleichen, und jedes Werk muß aus seinen Voraussetzungen verstanden werden, will man ihm gerecht werden. Also: genaues Studium der *philosophischen* Voraussetzungen der Kunst!!! (Eine schöne paradoxe Ironie!?!)

Dienstag, den 12. März 1946

Mit dem heutigen Tag durchaus nicht zufrieden. Das Kapitel I.S. abgeschlossen. An solchen Frauen wird mir der Wert meiner Braut erst recht bewußt, und es muß ja auch so sein. Liebelei und Liebe [48ᵛ] sind eben zwei grundverschiedene Dinge. Im Grunde sind alle diese Mädchen bis auf wenige Ausnahmen einer großen Liebe meines Wissens nicht fähig. Flirt und Koketterie in 99 von 100 Fällen. (Weiß Gott: es ist sogar ein Glück, daß es nicht *mehr* ist.)

Freitag, den 22. März 1946

Ein Brief von I. S., der einen guten Ausklang ihrer undeutlichen Erinnerung, wie ich sie von ihr hatte, verlieh und mir eine Ahnung dessen vermittelte, was sie sein kann, sein könnte oder möchte – oder vielleicht gar ist. Doch sei's drum. Sie hat der Rolle, die sie bei mir gespielt hat, einen guten Abgang verschafft und hat sich damit als Frau jedenfalls ewig gerechtfertigt. Das Weibliche »par excellence«.

Ariadne auf Naxos von Richard Strauss ist wohl eines der sündhaft schönsten und verführerisch wohlklingendsten Bühnenwerke, die geschrieben worden sind. Welch eine [49ʳ] sinnenhaft berauschende Glut der Instrumentation und welch märchenhaft bezaubernder Stimmenklang, welche Partitur. Das ist »Süden« in der Musik, um mit Nietzsche zu sprechen.[37]

37 Siehe Friedrich Nietzsche, z.B. Gedichte und Gedichtfragmente Nr. 10, in: KGW Abt. VII, Bd. 3, Band, Berlin 1974, S. 10 f. Der angegebene Text wurde von den ersten Herausgebern der Werke Nietzsches mit »Musik im Süden« überschrieben.

Dienstag, den 26. März 1946

Den Nachmittag bei Lemacher[38] und Wand gewesen; Oberleutnant Mader mit einem unbekannten englischen Offizier, Dr. Tack[39] und – Tinny Wirtz[40] waren ebenfalls anwesend. Frl. Wirtz spielte meine Klavierstücke (*Extemporale*)[41] in einer nicht zu überbietenden Brillanz und Sicherheit. Der Eindruck beim »Publikum« war geteilt. Immer wieder dasselbe: Das Publikum weiß beim erstmaligen Hören nicht so recht mit den Stücken fertig zu werden. Am besten gefielen der »Bolero« und das »Finale«. Ich bin gespannt, wie die »hohe« Kritik sich dazu stellen wird. –

Solche Nachmittage sind irgendwie anstrengend [49^v] und haben immer eine verzweifelte Ähnlichkeit mit mißlungenen Experimenten. Ich hatte mir von den Stücken in *diesem* Kreise etwas anderes versprochen: spontanen Beifall! Statt dessen höfliches, aber unmißverständliches Unverständnis. Gewiß: Mißverständnis! Zu wenig »Spielmusik« oder zuviel »Bekenntnismusik«? Diese Herrschaften sind von des Gedankens Blässe angekränkelt. »Musik soll musiziert sein und nicht gedacht« – und Musik soll *empfunden* und *erlebt* sein. (Auf die Gefahr hin, daß das Letztere »veraltet« und »romantisch« ist; meinetwegen!) Frl. Wirtz sagte nachher mit einer reizenden Naivität, daß die Deutschen zu sehr konstruierten und also (nach obiger Terminologie) zu wenig musizierten. Dabei versteht sie unter »konstruieren« die Grundbedeutung des Wortes: nämlich aufbauen, entwickeln; dagegen kann man nichts haben. Wir sind ja (leider!) nicht mehr im Haydn- [50^r] oder Mozart-Zeitalter. *Die* konnten wahrlich (und freilich) noch musizieren. Beethoven hat uns (man verzeihe mir die gräßliche Paradoxie) das Musizieren verlernt, und er war fürwahr ein guter Lehrmeister. Caramba! Denn seitdem haben wir »Bekenntnismusik« gelernt (um mit Wand zu sprechen). Ein ernstes Wort: Ist es überhaupt möglich, in dieser gottverdammten Zeit überhaupt noch im absoluten und reinen Sinn zu musizieren, d.h. einen Haydn oder Mozart redivivus in unser Zeitalter zu stellen? Na? – – –

38 Zu Heinrich Lemacher siehe S. 20, Anmerkung 10.

39 Der Musikwissenschaftler, Kunsthistoriker und katholische Geistliche Franz Tack (1908-1981) war von 1946 bis 1952 Lehrer für Gregorianik am Institut für katholische Kirchenmusik der Kölner Musikhochschule.

40 Zu Tiny Wirtz siehe S. 27, Anmerkung 33.

41 Es handelte sich um die endgültige Fassung des Zyklus *Extemporale*, die sich aus den fünf Stücken »Präludium« (im Druck fälschlich mit dem älteren Titel »Sarabande« bezeichnet), »Invention«, »Siciliano«, »Bolero« und »Finale« zusammensetzt. In dieser Form lag das Hans Haass gewidmete Werk spätestens im Februar 1946 vor.

Montag, den 15. April 1946

Tinny Wirtz hat gespielt, herrlich gespielt.[42] Das Ergebnis beim Publikum des Klavierabends war dasselbe wie bei dem »Publikum« 14 Tage vorher. Kurzer, höflicher Beifall. Nitschewo!

[42] Zimmermann bezieht sich auf die Uraufführung der endgültigen Fassung von *Extemporale* am 12. April 1946 im Hörsaal IV der Kölner Universität.

Montag, den 6. Mai 1946

Das Scherzo der *Symphonie* mit überraschendem Erfolg uraufgeführt. Das Stück wurde wiederholt! –[43]

[50ᵛ] ### Sonntag, den 2. Juni 1946

[43] Siehe S. 27, Anmerkung 28. Laut Brennecke (*Komponist und Interpret*, S. 327 f., Anmerkung 6) wandte sich Günter Wand nach dem keineswegs eindeutigen Erfolg mit den Worten an das Publikum: »Ich halte das Stück für so ausgezeichnet, daß wir es Ihnen ein zweites Mal spielen wollen«.

Das Tagebuchschreiben sollte einem verleidet sein, so schlecht ist die Zeit, die man beschreiben muß. Der allmähliche Verfall meines durch Hunger immer mehr geschwächten Körpers geht Hand in Hand mit einer seelischen Auflösung, die mich allmählich in ein stumpfes Grausen vor mir selber zwingt. Wenn das Leben so weiter geht, erachte ich es bestimmt nicht wert, gelebt zu sein.

Der Arzt hat bei mir eine Herzinsuffizienz infolge Unterernährung festgestellt. Meine Braut, die die Gelegenheit hat, Arzt im wahrsten Sinne des Wortes bei mir zu sein, läßt keine Gelegenheit vorbei gehen, um mir – das Gegenteil zu beweisen. Das ist das Schlimmste! Freilich liebe ich sie immer noch; aber es hat keinen Zweck, die Kette der ewigen Mißverständnisse ins Unendliche zu [51ʳ] steigern. Ist es nicht besser für beide, dieses hoffnungslose Verhältnis endlich zu beenden? Freilich ist es nicht einfach. Man weiß das aus Erfahrung. –

So hoffnungslos müde und traurig wie heute bin ich wirklich noch selten in meinem Leben gewesen – in meinem Leben, wo die Freude so selten und das Leid so häufig zu Gast ist. Die Frage, die ich mir neuerdings immer wieder vorlegen muß, ist die, ob es wirklich eine Frau gibt, die mich verstehen kann. Meine Braut hat es mir so oft vorgeworfen, daß ich ein wirkliches Verständnis für einen anderen nicht aufbringen

44 Die Begriffe »schwere Liebe«, bzw. »schweres Lieben« finden sich an mehreren Stellen im Werk und in den Briefen Rainer Maria Rilkes. Aufgrund der häufig ungenauen Zitierweise Zimmermanns kann die Quelle nicht zweifelsfrei angegeben werden. Möglicherweise wird aber auf eine sinngemäße Formulierung in *Die Aufzeichnungen des Malte Laurids Brigge*, in: *Sämtliche Werke*, Bd. 6, S. 946, Bezug genommen.

könne, daß ich es beinahe selbst glaube. Aber das ist ja nicht möglich und auch vernunftwidrig; denn schließlich mußte doch gerade ich immer, wenn Verständnis bewiesen werden mußte, das Verständnis beweisen. Es ist so [51ᵛ] häßlich und peinlich, all diese Dinge erwähnen zu müssen. »Die Liebe ist schwer«, sagt Rilke.[44] (Ich habe es erlebt! Aber eine unglückliche Liebe ist gefährlich für Leib und Seele. Das habe ich auch erlebt!)

Dienstag, den 4. Juni 1946

Der leise Druck in der Herzgegend erinnert mich in einer dauernden Eindringlichkeit an meinen erschütterten Gesundheitszustand – und der wehe Schmerz in meiner Seele, den Du mir zugefügt, Geliebte, erinnert mit einer seltsamen, fast beruhigenden Gewißheit an unsere erschütterte Liebe. O, seltsames Beben!

Donnerstag, den 6. Juni 1946

Wenn manchesmal der Mißmut an dieser gottverdammten Zeit mir Lust und Leben verleidet, so ist doch hinwiederum hier und da irgend so ein Kleines oder wieder Großes, was [52ʳ] erhebt, tröstet – und für einen Moment Freude macht. Ein schier undenkbar gewordener Vorgang. Und so war es heute der Abschluß meiner Klavierstunde bei Haass: Wenngleich ich nicht verkenne, daß seine Beurteilung der Tinny Wirtz[45] nicht ganz frei von einer kleinen verzeihlichen Schwäche gegenüber der »Rivalin« gewesen ist, so war sie doch im Grunde von einem großen Interesse an der jungen Pianistin getragen – und objektiv und, so viel mir scheint, auch richtig. Freilich bin ich, um die Tragweite seiner Ausführungen ganz zu würdigen, noch zu jung. (Wir »Jungen« dieser Generation sind alle noch zu jung und auch wieder zu alt. Leider!) Aber sein Spiel rechtfertigt ihn ganz und das, was er sagte. Das Wort Erlebnis ist für diesen Abend zu wenig. Das, was Tinny Wirtz noch nicht in vollem Maße hat und auch noch nicht haben kann: Reife, Wärme und Kantabilität des

45 Vgl. den ersten Absatz aus Zimmermanns Brief an Tiny Wirtz vom 12. Juni 1946, S. 27f.

Tones, das hat [52ᵛ] Haass. Das Geheimnis der pianistischen Interpretation – – –

Heute kam mir der Gedanke, ein Werk für zwei Klaviere zu arbeiten: für Haass und Tinny Wirtz!

Dienstag, den 11. Juni 1946

Heute in der Stadt seit zwei Jahren mal wieder das erste Eis (Speise-Eis). Dieses minderwertige Zeug, was nach gar nichts schmeckt, kostet eine Mark der Becher (!)
– – –

Die Pfingstbotschaft bekommt für den, der den »Schöpfer Geist« als Tröster begreift, einen wirklich zeitgemäßen Sinn. Ist es nun Psyche und Suggestion dieser elenden Zeit, daß das Religiöse, da alles Menschliche versinkt, als wertbeständig neu heraufsteigt, oder ist es eine Fügung Gottes, die der »sündigen Welt« den schwarzen Spiegel des Schicksals entgegenhält?

Religion als Gefühlskomplex (!?!)

[53ʳ] **Sonntag, den 16. Juni 1946**

Weitere Lebensmittelkürzungen angekündigt! Wie man *das* verantworten will, weiß ich nicht. Planmäßige Ruinierung eines ganzen Volkes. Der Treppenwitz der Geschichte ist jedoch die Tatsache, daß man in Nürnberg das deutsche Volk wegen »Verbrechen« anklagt, die man jeden Tag in mehrfacher Potenzierung selbst begeht: allerdings ein schlechter Treppenwitz, bei dem Abertausende zugrundegehen und die ganze Gegenwart und Zukunft eines Volkes in jeder Hinsicht vernichtet wird.

Donnerstag, den 29. August 1946

Nach langer Zeit nochmal ein Tag der ruhigen Besinnung – auf was, worüber? All Hasten, alle Unruhe, der eigene Plagegeist verstummt für eine kleine Weile, und Resignation schleicht in das kranke Herz. Was war der reine Gewinn des vergangenen Jahres? Wenig, mein Freund, so wenig, daß man weinen möchte. Der [53ᵛ] Seelenfeind, die nutzlose Mühseligkeit so vieler vergeudeter Stunden schweren Arbeitens, Probierens, Verwerfens, steht unsichtbar hinter meinem Stuhl und weiß, daß er nicht stirbt; denn Nutzloses zu tun ist schweres Schicksal; für den, der es weiß – schwerstes, unabwendbares. Doch weg mit dieser reflektierenden Resignation, weg mit diesem Gift, das schleichend, wie böser Spruch, in alle Taten tropft und Hemmungen und lange Knoten bildet, die langen Lösens Zeit tausendfach gebären. Ich will ein gutes Gedicht gleich lesen und mich auf lange gesteckte Ziele besinnen – – –

Freitag, den 30. August 1946

So geht es nun jetzt schon vier Wochen lang. Ich komme nicht vorwärts: Es fällt mir nichts mehr ein. Ausgetrocknet, ausgequetscht wie eine Zitrone. Weiß der Kuckuck woher, von [54ʳ] wem. Ob es an meiner Arbeitseinteilung liegt; denn immer möchte ich mehrere Dinge gleichzeitig tun – und tue keines ganz. Der Erfolg: verplemperte Zeit. Man könnte sich die Haare einzeln ausraufen. Dabei sitze ich den ganzen Tag über – und stelle des Abends unlustig, wütend und resigniert fest, daß ich mal wieder keinen Zentimeter weiter gekommen bin. Das ist es: Man müßte eine Systematik haben. Aber was nützt alle Systematik, wenn da ein Stück Arbeit liegt und nicht vorwärts kommt und einen Tag und Nacht verfolgt mit seiner ziehenden, schleppenden Vollendung. O, verdammte Mühsal eines solchen Arbeitens. Ich muß das irgendwie anders machen. Auf Spaziergängen oder anderswie. *So* jedenfalls nicht mehr; es geht zuviel Zeit verloren – und die Nerven halten es auf die Dauer auch nicht aus, wenn man sich jeden Abend zu demselben »Erfolg« gratulieren kann, keinen Schritt weiter gekommen [54ᵛ] zu sein. Das einzig Positive dieser vier Wochen war die Lektüre der Gedichte Bertrams.[46] Erfolg war die Komposition eines Bertram-Gedichts, das mir an einem Tage gelang.[47] (Es gibt noch Wunder, bei Gott!) Eigentlich sollte ich aus diesen vergeudeten vier Wochen lernen, daß sich die Erfindung nicht zwingen läßt, und daß es ratsamer und öko-

46 Zu Ernst Bertram siehe S. 26, Anmerkung 24. Zimmermann vertonte von Bertram drei Gedichte, »Altdeutsches Bild«, »Altkölnischer Meister« und »Abendglocke«, die er unter dem Titel *Drei geistliche Lieder nach Ernst Bertram* zusammenfaßte. Abschriften der Gedichte »Abendglocke« und »Altkölnischer Meister« finden sich auf fol. 76ᵛ bzw. fol. 80ʳ des Heftes, in das Zimmermann das »Tagebuch« notierte.

47 Laut Autograph lag »Altdeutsches Bild« am 24. August 1946 abgeschlossen vor.

nomischer ist, sich während dieses »interregnums« – so schwer es ist – mit etwas anderem zu beschäftigen. Wie aber sagt Bertram?

> Freut euch der Mühsal: es erzittert der Bildner,
> Ward ihm sein Bilden zu leicht. Er spürt, es wandte
> Dann [sich] der Hauch von ihm hin, nur Larven bildet,
> Fühlt er, noch die alles meisternde Hand, und
> Weinen muß sein Geist nach den Tagen der Mühsal,
> Damals unbedankten, hinaufgeklagten:
> Mühsal, Gnade von dort.[48]

48 Ernst Bertram, »Freut euch der Mühsal: es erzittert der Bildner«, in: *Griecheneiland*, Leipzig 1934, S. 39.

[55ʳ] **Samstag, den 31. August 1946**

Nun ist mir mein vergebliches Arbeiten klar geworden; die Krankheit saß mir in den Knochen schon seit acht Tagen, diese Nervenprobe: die »urticaria«![49] Prost! –

49 Nesselausschlag, der mit hohem Fieber einhergehen kann.

Freitag, den 6. September 1946

Obgleich es eine müßige Frage ist, nach dem eigentlichen Grund der Abhängigkeit von einer bestimmten Person, ihren Stimmungen, Launen und Taten zu fragen, steigt diese Frage doch immer wieder in mir auf. Was ist es denn, genau besehen, was ich an ihr habe? Kein Verständnis, keine Einigkeit der Anschauungen und Begriffe, ja sogar Gegensätze in den wesentlichsten Dingen – und doch diese verdammte Sehnsucht nach ihr und Abhängigkeit, jener verfluchte Drang zu ihr, der mich magnetisch in ihre Nähe treibt, manchmal gegen meinen Willen. Ich könnte diese Frau mitunter hassen, weil ich sie so wahnsinnig [55ᵛ] liebe. Der Gedanke macht mich schon rasend – – – und deshalb darf ich ihn nicht ausdenken.

Nachdem ich den ganzen Morgen und den frühen Nachmittag an der *Abendglocke* von Bertram herumgemurkst hatte, immer wieder veränderte, durchstrich, neu anfing und mir der Anfang des Liedes ganz und gar nicht gelingen wollte, war ich schon resigniert entschlossen aufzugeben – und doch kam heute Nachmittag eine glückliche Stunde des Einfalls, wo ich den Schluß des Liedes in einem Zuge am Klavier niederschreiben konnte, in der Stimmung, wie mir deucht, sogar ganz gut getroffen.[50] Und es ging ohne Reflektion und lange Überlegung – und traf doch das Richtige. Wie ist das möglich? An dem Anfang des Liedes murkse ich drei und noch mehr Tage herum, und er gefällt mir immer weniger – und dann fällt der Schluß wie vom Himmel. Gewiß, der Anfang des Gedichtes gefiel mir nicht [56ʳ] so recht, er zündete nicht – dafür die Schlußverse sofort. Eigentlich habe ich das Gedicht nur wegen seines innigen Schlusses, der wirkliche Poesie ist, gewählt.

Wenn ich die kompositorischen »Früchte« des vergangenen Jahres, des Jahres nach dem Abschluß der *Sinfonia prosodica*, überschaue, so bin ich entsetzt über ihre Minderzahl. In einem ganzen Jahr drei Lieder[51] und einen Zyklus Volkslieder in der Bearbeitung für Klavier,[52] ein andermal in der Bearbeitung für gemischten Chor.[53] Das ist alles. Gratuliere, Herr Komponist! Es ist, als wenn ich ausgeleert wäre. Schrecklicher, entsetzlicher Zustand der Erfindungslosigkeit. Und an dem Konzert[54] komme und komme ich nicht weiter. Tausend Anfänge, und nichts gefällt mir mehr. Bin ich am Ende, jetzt wo ich anfangen will? Ist meine Schöpferkraft dahin? Welcher Dämon hat den Quell der Erfindung getrübt? O, furchtbare [56ᵛ] Qual dieser zermürbenden Zweifel. Die Arbeitskraft und das Zutrauen zur eigenen Erfindung gehen zum Teufel dabei. Und dabei habe ich Pläne, Pläne. Herrgott, habe ich denn keine Ohren mehr, in mich hineinzuhören? Klingt denn da drinnen gar nichts mehr? Ist denn alles erstorben? Oder hast Du, Herrgott, eine solch qualvoll lange Zeit des stetigen Wachsens, des Ring-an-Ring-Setzens, mir bestimmt?

Dienstag, den 24. September 1946

Von Werner Bergengruen dieses Wort: Es ist wohl in jedem Becher der Liebe ein Tropfen Schuld. Die Liebe erprobt sich in der Treue, aber sie vollendet sich erst mit der Vergebung. (Aus der Novelle *Der Rosenstock*)[55] – – –

Nun beginnen wieder die langen und schweren Abende, wo die Gedanken wie dunkle [57ʳ] Vögel über einer schwar-

---

50 Das Autograph des Liedes »Abendglocke« trägt das Abschlußdatum »7.9.46«.

51 Es ist unklar, ob Zimmermann hier alle drei Bertram-Lieder meint. Da das Autograph von »Altkölnischer Meister« erst auf den 21. September 1946 datiert ist, spricht er möglicherweise nur von »Altdeutsches Bild« und »Abendglocke«. Bei dem dritten Lied könnte es sich dann um das letzte der *Fünf Lieder für mittlere Stimme und Klavier*, »Schenke im Frühling« nach Li-Tei-Pe, handeln, das im Autograph das Abschlußdatum »14. Januar 1946« trägt.

52 Gemeint sind die »Improvisationen über Volksliedthemen für Klavier«, die unter dem Titel *Capriccio* veröffentlicht wurden, zum damaligen Zeitpunkt aber noch *Vademecum* hießen.

53 Bezüglich chorischer Volksliedbearbeitungen wäre an die drei Chorsätze *Wenn alle Brünnlein fließen*, *Jetzt gang i ans Brünnele* und *Und in dem Schneegebirge* zu denken. Für die beiden ersten ergibt sich eine Datierung daraus, daß die Manuskripte am 28. Dezember 1946 beim Nordwestdeutschen Rundfunk Köln archiviert wurden. Die drei Sätze integrierte Zimmermann 1947 in überarbeiteter Form in die Volksliedkantate *Die Brünnlein, die da fließen*.

54 Gemeint ist das *Konzert für Orchester* in der 1. Fassung mit den Sätzen »Introduktion«, »Aria concertante«, »Fugato«, »Caccia« und »Finale«. Im Autograph ist nur das Entstehungsjahr 1946 vermerkt. Da Zimmermann auch in den folgenden Aufzeichnungen vom 24. September 1946 nichts über den Abschluß der kompositorischen Arbeiten mitteilt, scheint das Werk frühestens im Spätherbst 1946 beendet worden zu sein.

zen, verbrannten unendlichen Erde schweifend irren. Es ist nicht nur die Bekümmernis dieses Tages, der mich, ich weiß nicht warum, so hart drückt, es ist die alte Furcht vor dem Leben, die Angst, zu denen zu gehören, die immer den unteren, schweren Weg gehen; zu denen zu gehören, die nicht das Glück finden, das ihnen nicht beschert ist. Vielleicht ist es auch die Angst vor der Verantwortung, jene alte, frühe aus den Kindheitstagen, die ich nie überwunden habe. Wird es mir je gelingen, mein Leben jenen dunklen Mächten, die mich treibend führen, durch einen planmäßigen, vorgezeichneten Weg zu verantworten, von dessen Ende ich soviel ahne, wie ich von seinem sicheren Verlauf wissen – müßte. Bewundernd beobachte ich jene, die mit solch scheinbarer Sicherheit das Richtige zu tun wissen und zu tun vermögen. O, man kann jene lapidare Weisheit, das Notwendige zuerst [57ᵛ] und gründlich zu tun, wohl wissen – und kann es doch nicht tun. Vielleicht ist die scharfe Klarheit eines Weges nur wenigen gegeben, die Voraussicht und Willenskraft mit einem auf die Gegenstände gerichteten Verstande zu paaren vermögen. Uns treibt ein starker Wille in den dunklen, tosenden Strom des Künftigen hinein; ein Wille, dessen Kraft wir spüren (keiner spürt ihn so!), dessen Richtung wir ahnend fühlen, dessen Wirkung wir tausendfach erleben (unser Werk gibt Kunde davon!), dessen Fluch wir tragen. O, ja: »Ihr wandelt droben im Licht, auf weichem Boden, selige Genien. Glänzende Götterlüfte rühren euch sanft, wie die Finger der Künstlerin heilige Saiten…«⁵⁶ Wir stehen in einer verlorenen und gottverdammten Zeit auf letzter, vergessener, verstoßener Warte. Doch eines haben wir, die Verantwortung vor unserem Werk. Gott weiß, was er in uns und [58ʳ] durch uns sagen will – und wir wissen um die Notwendigkeit und letzte Konzentration unserer Arbeit. Das ist die Quelle unserer Kraft, wo wir Verschmachtende trinken, wenn uns der ewige Durst nach Vollendung und letztem Wissen alle jene Rätsel und letzten Dinge, die unsere Träume bersten und unsere Herzen brechen lassen, wie eine große sonnenflimmernde, dampfende Wüste wird, in der jede Fata Morgana ein neuer Tod ist.

– – –

Schwere Entscheidung: Auf der einen Seite der wie aus einer Versickerung neu emporströmende Strom der Erfin-

55 Vgl. Werner Bergengruen, *Der spanische Rosenstock*, Tübingen 1941, S. 59.

56 Friedrich Hölderlin, *Hyperion* II, 2. Buch, »Hyperion an Bellarmin XXVIII«, in: *Sämtliche Werke (Frankfurter Ausgabe)*, hg. von Dietrich E. Sattler, Bd. 11, Frankfurt a.M. 1982, S. 761. Im Original heißt es »[...] Glänzende Götterlüfte rühren euch leicht [...]«.

57 Das Schulmusikexamen absolvierte Zimmermann vom 10. bis 13. Februar 1947. Siehe dazu auch den Brief an Liselotte Neufeld vom 17. März 1947, S. 33.

58 Rainer Maria Rilke, »Herbsttag«, in: *Sämtliche Werke*, hg. vom Rilke-Archiv in Verbindung mit Ruth Sieber-Rilke, besorgt durch Ernst Zinn, Bd. 1, Frankfurt a.M. 1955, S. 398. Die von Zimmermann angeführte Passage ist eine freie Kombination aus Vers 1 der ersten Strophe und Vers 2 der zweiten Strophe.

dung, auf der anderen das Gebot der Stunde: die Arbeit für das Examen.[57] Das eine kann ich nicht lassen, das andere nicht aufschieben. Immer trifft alles auf einmal zusammen. O, schlechte Ökonomie des Schicksals. Doch werde der Erfindung ihr Recht – und der [58ᵛ] Arbeit wird ihre Pflicht noch werden! Ich glaube es vor meiner Berufung verantworten zu können, vor meinem Examensgewissen kann ich's freilich nicht. Was nun besser war: das eine oder andere, wird sich später herausstellen. Mit Rilke möchte ich beten »Herr, gib mir noch zwei südlichere Tage…«[58]

Samstag, den 18. Januar 1947

Nun hat das neue Jahr schon angefangen. Der Übergang war alles andere als das, was er schien: Er war durchaus nicht heiter – trotz des reichlichen Alkohols und trotz der öffentlichen Heiterkeit. Das alte Jahr ging mit jenem genügsam bekannten Streit um die Fressalien (leider immer wieder dieses elende Thema!) zu Ende. Ich weiß wirklich nicht, ob das nun alles kalte Bosheit oder platter Egoismus oder was noch sonst ist. [59ʳ] Allmählich bin ich fast entsetzt über die charakterlose Gesinnung, die aus solchen Dingen spricht. Freilich, Undank und Ärger, Bosheit und Ungerechtigkeit ist der Welt Lohn. Aber ist es billigerweise bei dem Nächsten, was man hat, nicht anders – oder sollte es vielmehr nicht anders sein? Und immer wieder dieselbe Frage: Kann Liebe so handeln? Nein und abermals nein! Inzwischen bin ich durch diese Vorkommnisse, die ja durchaus nicht neu und einmalig sind, sondern leider allzu oft schon passiert sind, so weit ernüchtert worden, daß ich allmählich die Gründe dafür mit ziemlicher Sicherheit angeben kann. Und die sind: Materialismus, Egoismus, Berechnung und Boshaftigkeit. Leider keine schönen Beweggründe – – –

Sonntag, den 19. Januar 1947

Wenn ich daran denke, wieviele und schwere Entscheidungen dieses Jahr 1947 bringen wird, so möchte ich fast, daß es vorbei und überstanden sein möge. Doch wir stehen alle in Gottes Hand; das ist vielleicht ein gutes Bewußtsein; es tröstet über manches hinweg. – – –

Ich habe mal von dem Titel eines Buches gehört, das über die Tröstungen der Religion berichtete. Boethius schreibt im Gefängnis über die Tröstungen der Philosophie,⁵⁹ und Bruckner komponierte die Trösterin Musik. Bei Gott, ich habe beinahe auch derartige Tröstung nötig, soviel habe ich wieder an schmerzlicher Enttäuschung erlebt. Bergengruen sagt zwar, daß die Liebe sich erst in der Vergebung vollende – aber bedeutet dauernde Vergebung nicht Freibrief für alle Willkür und Nachlässigkeit des Herzens oder sogar noch Schlimmeres? Derselbe Dichter sagt, daß in jedem Becher der Liebe ein Tropfen Schuld sei. Wahr! Aber ist nicht ein Becher der Liebe, der mit der bitteren Galle bitterer Enttäuschung und schmerzlicher Lieblosigkeit angefüllt ist, nicht ein Giftbecher? Und nicht mehr ein Becher der Liebe? – – –

59 Anicius Manlius Severinus Boethius, *De consolatione philosophiae*. Exzerpte aus diesem Werk in der Übertragung von Eberhard Gothein notierte Zimmermann auf einer frühen Textskizze zum *Requiem für einen jungen Dichter*, jedoch ohne sie in der endgültigen Komposition zu verwenden.

Montag, den 20. Januar 1947

Nachdem ich nach aberlangem Üben des Klaviers überdrüssig wurde, stieß ich auf das *Geseg'n dich Laub*.⁶⁰ Diese Weise ist so herzergreifend schön und von einer solchen edlen Trauer durchzittert, daß ich sie gleich für vierstimmigen gemischten Chor a capella gesetzt habe. Ich glaube, das Wesentliche des Liedes ist dabei unterstützt und gesteigert, die Substanz jedoch bewahrt worden.

Sonst ein ziemlich freudloser Tag. Die Schatten der vielen Enttäuschungen ziehen sich wie eine drohende Sonnenfinsternis vor ihr Bild, und die vielen Narben vieler Erinnerungen brennen, und die Fragwürdigkeit des Verhältnisses in der ganzen Relativität seiner gegenseitigen Beziehungen, seines gegenseitigen Mißverstehens, ja sogar seiner berechnenden Kalkulation wird immer offenbarer. Dann lieber einsam und glücklich in der eventuellen Möglichkeit eines Glückes

60 Vermutlich im gleichen Zusammenhang entstanden noch die Bearbeitungen von *Es geht ein' dunkle Wolk' herein* und *Es ist ein Schnitter, heißt der Tod* für vierstimmigen gemischten Chor.

durch Frauenhand, als die ganze Gefährlichkeit und vernichtende Gewalt einer unglücklichen Zweisamkeit, die tausendfache Einsamkeit ist, bis zum bitteren Ende durchzutragen.

Kritiken und Aufsätze
(1944-1950)

Kommentiert von Heribert Henrich

im Grunde genommen, wandeln wir mehr oder weniger historische Form
mehr oder weniger ~~deutlich~~ glücklich ab, ohne zu einer eigentlichen neuen
formalen Gestaltung zu kommen. Ansätze sind da, genauer gesagt,
waren da. Eine andere Frage ist die, wie gross die Influenz der
Form als Gestaltungs- und Ausdrucksfaktor ist, wobei wir nicht vergessen wollen, dass Form bei der Musik mehr ist als Form im üblichen
Sinne. Doch diese Frage zu beantworten, halte ich für ebenso verfrüht, wie die Ansicht jener Kreise, die neue Musik sagen und
Strawinsky meinen. Bemerkenswert ist jedenfalls die Verlagerung des
Schwergewichtes vom experimentellen, spielerischen Erproben der Darstellungsmittel und den Verstössen von ~~dem~~ musikalischen Urelementen
in den zwanziger Jahren zu einer ausdrucksmässigen Vertiefung und
Erfüllung des neugewonnenen und neueroberten "Tonmaterials" hin,
die die Wendung zur "Klassik" einerseits als stilistisch historische
Synthese und ~~andererseits~~ zur weltanschaulich oder gar politischen
Orientierung (Russland) als gewissermassen kosmischer Synthese andererseits
begreiflich macht. In Frankreich ist es ~~einerseits~~ in ersterer Hinsicht der emigrierte
Milhaud in seinen neuesten Werken (Cellokonzert, Symphonie) und in letzterer
~~andererseits~~ Honegger - und Messiaen. Eine Zwischenstellung nimmt
der sehr bedeutende Albert Roussel ein, dessen g-moll Symphonie
von neuem seine Verankerung in mehr konservativen Bereichen verspüren lässt, während man von François Poulenc, Jacques Ibert und vor
allem von dem unbekümmerten Jean Françaix André Coeuroy's Wort
gelten lassen könnte: "Wie stets, wenn sie gesund ist, geht die
französische Musik ihrem Vergnügen nach", was die mehr spielerisch
unkonventionelle Art jener Komponisten recht gut kennzeichnet.
Im übrigen steht die jüngere Produktion noch unter dem sehr spürbaren Einfluss Ravels, eine Tatsache, die umso mehr Aufmerksamkeit
auf Honegger und Messiaen und auf den jetzt aus Amerika zurückgekehrten Milhaud ~~nötig macht~~ lenkt.

B. A. Zimmermann

»Moderne französische Musik«, Typoskript-Durchschlag mit autographen Korrekturen,
Bernd-Alois-Zimmermann-Archiv 202.1, fol. 4ʳ

[Hausmusikstunde der Staatlichen Hochschule für Musik][1]

Die von dem Seminar der Staatlichen Hochschule für Musik in Verbindung mit der Gesellschaft für neue Musik veranstaltete sechste Hausmusikstunde[2] brachte Werke für zwei Klaviere, also eine Literatur, die weniger oft im Konzertsaal zu hören ist. Zunächst erklangen die *Variationen und Fuge über ein eigenes Thema op. 1* von Karl Hasse,[3] ein gemütstiefes, aber energiegespanntes Werk, dessen Fuge das Ganze zu einem konzentrierten, äußerst formstrengen Abschluß führt. Es folgte sodann Bachs großes Variationswerk, die *Aria mit dreißig Veränderungen (Goldberg-Variationen)* in der Bearbeitung von Max Reger und Joseph Rheinberger, und den Abschluß bildeten Regers grandiose *Beethoven-Variationen*, die die farbige Pracht des Klavierklanges so mitreißend entwickeln. Mit der Wiedergabe der Werke erspielten sich Ilse Otto und Inge Petersmann, Annemarie Bohne und Anneliese Beaufays sowie Margret Stieler-Bremen und Tinny Wirtz einen schönen Erfolg.[4]

[1] Erschienen im Mai 1944 in einer bisher nicht identifizierten Zeitung. Überliefert als Ausschnitt ohne Titel.

[2] Die genannte Hausmusikstunde fand am 12. Mai 1944 statt.

[3] Karl Hasse (1883-1960) war von 1935 bis 1945 Direktor der Staatlichen Hochschule für Musik in Köln.

[4] Die Komposition Hasses wurde von Margret Stieler-Bremen und Tiny Wirtz, Schülerinnen von Peter Dahm bzw. Hans Anwander, gespielt. Ilse Otto und Inge Petersmann, beide aus der Klasse von Hermann Drews, spielten die *Goldberg-Variationen*. Die Interpretinnen von Regers *Beethoven-Variationen* waren Annemarie Bohne und Anneliese Beaufays aus der Klasse von Karl Hermann Pillney.

Meisterwerke neuer Musik[5]

Unter diesem Titel hielt im vergangenen Sommersemester Prof. Dr. Heinrich Lemacher, der bekannte Kölner Musikwissenschaftler, Komponist und Gründer der »Gesellschaft für neue Musik« in den Jahren nach dem ersten Weltkriege, eine anregende Vorlesungsreihe, in deren Mittelpunkt eine Einführung in neue Musik stand, die in ihrer Faktur ebenso den gewiegten, gewissermaßen »ausgefuchsten« Praktiker wie den erfahrenen Pädagogen erkennen ließ; den Pädagogen, insofern er das gewiß nicht einfache Kapitel Einführung in neue Musik, jenes nach wie vor heftig diskutierte Thema, in einer Art nahebrachte, die zunächst das klingende Werk in den Vordergrund der Betrachtung stellte (wer möchte bezweifeln, daß Musik nicht zuerst und zuletzt ein klangliches Phänomen ist – und auch im Unterricht sein soll!) und es hierauf nicht formal analysierte, wie es der »Fachmann« erwartet hätte, sondern es in den großen geistes- und musikgeschicht-

[5] Erschienen in: *Kölner Universitätszeitung* 2 (1947/48), S. 118 f.

lichen Zusammenhang der allgemeinen Zeitepoche einordnete, um im Anschluß daran die notwendigen formalen Erläuterungen, auf das für diesen Zweck erforderliche Mindestmaß beschränkt, zu bringen.

So wurde das wesentliche Merkmal neuer Musik, die substantielle und immanente urmusikalische Aussage in Rhythmus, Tanz und Spiel, als elementare Basis jeglicher musikalischer Bewegungsprinzipien recht deutlich, und zwar nicht nur in ihrer Bezogenheit auf die objektiven, in einem gewissen Sinne monistischen Musizierformen des Barocks mit ihren von neuer Musik wiederbelebten Ablaufsformen, sondern auch in ihrem bewußten Gegensatz zu den subjektiven, dualistischen Entwicklungsformen des 19. Jahrhunderts in ihrer zur transzendenten, metaphysischen (besser gesagt meta-musikalischen) Aussage neigenden dialektischen Faktur, die das elementar Musikalische einer geistigen Tendenz, einer Idee (Beethoven: »Die Idee des Ganzen...«!) unterordnete, und so nicht mehr Musica absoluta, Musik aus sich selbst, Musik a priori war. Man hat die Unterschiede in beiden Musikauffassungen des öfteren mit der für das Schlagwort typischen, unscharfen Begrenzung durch die Begriffe »Spielmusik« und »Bekenntnismusik« zu kennzeichnen versucht. Die irritierende Prägung dieser Begriffe – Spiel und Bekenntnis bedingen sich in jedem guten Musikstück in einem selbstverständlich variabelen Maße, wobei der jeweilige Charakter des Stücks eine entscheidende Rolle spielt – zeigt wieder einmal deutlich, wie schwierig es ist, dem eigentlich musikalischen Phänomen mit dem Wort, sowohl dem intuitiven als auch diskursiven, nahe zu kommen.

Die Werkauswahl war durch das vorhandene oder genauer gesagt verbliebene »Material« gekennzeichnet. Trotzdem ergab sich ein verhältnismäßig umfassender Überblick über das Wichtigste an neuer Musik, ja mitunter hörte man sogar Seltenes oder schon wieder selten Gewordenes. Es ist wohl auf diesen Mangel an Material zurückzuführen, daß von den eigentlich »modernen« Werken Richard Straussens und Max Regers, etwa der *Salome* oder des *Symphonischen Prolog zu einer Tragödie*, nichts dargeboten werden konnte, während das weniger Moderne und Bekanntere mit *Don Juan, Till Eulenspiegels lustige Streiche* und *Mozart-Variationen, Es-Dur-*

Quartett (Reger) im doppelten Sinne nichts Neues mehr war. Der in seiner Zeit auf einsamer Höhe ragende Modest Mussorgski, von dem »mächtigen Häuflein« der fünf russischen Novatoren der Modernste und Bedeutendste, war durch das Flohlied aus der Oper *Boris Godunow* und die *Bilder einer Ausstellung* (in der Ravelschen Instrumentation) recht gut gekennzeichnet; ebenso Claude Debussy, *der* Impressionist, mit seinen *Zwei Arabesken* und den sinfonischen Dichtungen *L'après-midi d'un faune, La mer* und den *Nocturnes*.

Einen Höhepunkt bildete zweifelsohne die Diskussion über Igor Strawinsky, von dem aus seiner letzten Schaffensperiode die *Kartenspiel-Suite* behandelt wurde, jene geistvolle Unterhaltungsmusik im besten und stilistisch reichhaltigsten Sinne, während die jüngere Schaffensperiode mit *Feu d'artifice* und dem wichtigen *Petruschka* sehr scharf umrissen war. Was jedoch an klingendem Werk fehlte (»Material«!) wurde durch die glückliche Erinnerung an die »klassischen« Werke des Komponisten der *L'histoire du soldat* in der ebenfalls schon klassisch zu nennenden Interpretation durch Günter Wand ergänzt, über dessen Qualifikation als Dirigent hier etwas sagen zu wollen, Eulen nach Athen tragen hieße.

Einen weiteren Höhepunkt stellte die Mitwirkung von Tinny Wirtz dar, die in ihrer spezifisch plastischen Art die *Dritte Sonate* von Hindemith (von dem außerdem die *Sinfonie in Es* aus dem vierhändigen Klavierauszug des Komponisten gespielt wurde) in jener unsentimentalen Zeichnung des Konstruktiven erstehen ließ, die echtes Gefühl und musikantisches Musizieren – wesentliche ausdrucksmäßige Exponenten der Darstellungskunst dieser begabten Pianistin – zu einer durchaus werkgerechten Synthese verbindet. Von den »jungen« Russen spielte Tinny Wirtz außerdem Werke von Tscherepnin und Chatschaturjan.

So wurde ein wesentlicher Teil neuer Musik sehr anregend dargeboten und besprochen, und es ist zu hoffen, daß die interessante Vorlesung mit der Einführung der jungen Franzosen und Engländer in diesem Semester fortgeführt wird.

Liturgische Sinfonie von Arthur Honegger und c-Moll-Messe von Wolfgang Amadeus Mozart[6]

Wenn Mozarts *Große Messe in c-Moll* schon den Bereich des Liturgischen im engeren, »orthodoxen« Sinne überschreitet, so möchte für den Hörer, der in der gottesdienstlichen Musik auch in weiterem Sinne lediglich eine »Dienerin des Wortes« sah, so wie es Augustinus gefordert hatte,[7] die Beziehung zum Liturgischen in Honeggers Sinfonie nicht unmittelbar gegeben sein. Dazu kommt noch, daß sich Honegger in seinem Werk nicht auf gregorianische Melodien bezieht, um damit einen mittelbaren, assoziativen Anknüpfungspunkt zu schaffen, sondern das Liturgische an sich zur »idée fixe« seiner Sinfonie erhebt; er löst damit seine Musik bewußt von den engen »textlichen« Bindungen, die zum Beispiel die Vokalmusik von vornherein, getreu dem Augustinischen Postulat, zum eigentlichen »Interpreten« des kirchlichen Wortes von Anbeginn an machte, ebenso wie von den melodischen, assoziativ-liturgischen Bindungen, die in die Instrumentalmusik etwa mit Berlioz' (natürlich von anderen Voraussetzungen ausgehender) Verwendung des »Dies irae« (*Symphonie fantastique*) Eingang gefunden hatten.

So ist in der *Liturgique* für das eigentlich Musikalische ein absoluter Ansatzpunkt gewonnen, der in Verbindung mit den Überschriften zu den jeweiligen Sätzen »Dies irae«, »De profundis clamavi« und »Dona nobis pacem« – die jeweils die allgemeine musikalische Grundstimmung der einzelnen Sätze charakterisieren – jene richtungsweisende Bedeutung erhalten hat, die der Komponist als »durchaus persönliche Auseinandersetzung mit den betreffenden geistlichen Texten« bezeichnet hat. Somit wird die Sinfonie über den engeren Rahmen des Liturgischen hinaus in jene erwähnte weite Sphäre des absolut Liturgischen gehoben; vielleicht für deutsche Ohren nicht so ohne weiteres erkenntlich und verständlich.

Um es jedoch gleich vorneweg zu sagen: Honeggers Sinfonie ist keine Programmusik, jedenfalls nicht im herkömmlichen Sinne, es ist Ausdrucksmusik »par excellence«! Wir haben sogar im »Deutschen« einen noch kennzeichnenderen Begriff dafür: Expressionismus! Daß das illustrative Element, wenn dieses leicht mißverständliche Wort hier erlaubt ist, bei

---

6 Erschienen in: *Kölner Universitätszeitung* 2 (1947/48), S. 184 f. Die Besprechung bezieht sich auf das 3. Konzert des Gürzenich-Orchesters in der Spielzeit 1947/48, das am 22. und 23. Dezember 1947 stattfand.

7 Aurelius Augustinus, *Confessiones*, X. Buch, Kap. 33.

Honegger einen gewissen Raum einnimmt – und das tut es ohne Zweifel –, liegt nicht zuletzt an der starken Einwirkung durch die Filmmusik, die ja – ganz im Gegensatz zu Deutschland – im Lande der Erik Satie, Georges Auric u.a. eine Angelegenheit der ersten Komponisten ist.

Wenn wir nun die Loslösung von engeren liturgischen Bindungen zur Gewinnung eines absoluten musikalischen Ansatzpunktes im erwähnten Sinne betrachteten, so erfährt dieser Vorgang in der Übertragung des Katholizismus auf einen mehr allgemeinen, weltweiten, vom engeren »kirchlichen« Sinne abstrahierten Nenner eine ins Allgemeinmenschliche (fast Allzumenschliche) hinneigende Vertiefung, die in dieser Hinsicht zweifelsohne auf den Einfluß des modernen Katholizismus Claudels zurückzuführen ist, wie überhaupt Honegger und ebenso auch Olivier Messiaen maßgebliche Impulse ihres Schaffens von diesem Dichter erhalten haben und noch erhalten. Dafür zeugen besonders der *Danse des morts* Honeggers und seine *Zweite Sinfonie* für Streicher, die im vorigen Jahr als deutsche Erstauffführung in Köln erklang.[8]

Was jedoch die *Symphonie liturgique* von der *Zweiten Sinfonie* für Streicher (und drei Trompeten im letzten Satz, die das Choralthema blasen)[9] unterscheidet, ist die fast bestürzende Konzessionslosigkeit des Klanglichen, die in der scharfen Ausprägung des Ausdrucksmäßigen den denkbar größten Gegensatz zu Strawinskys Spätwerken (etwa dem Concerto *Dumbarton Oaks* oder der *Sinfonie in C*) darstellt. Wenn bei der *Zweiten Sinfonie* ein vielseitiges Gleichgewicht zwischen der expansiven Spannkraft des Melodischen und der zentripetalen Logik des Harmonischen einerseits und dem sich bedingenden Verhältnis von Form und Ausdruck andererseits gefunden war, so droht das Übergewicht des Ausdrucksmäßigen, des Expressionistischen, ja des Eruptiv-Chaotischen den an und für sich einfachen, geradezu simplifizierten formalen Rahmen der *Symphonie liturgique* zu sprengen. Es fragt sich, ob bei solchen Stellen, an denen der erste Satz (»Dies irae«) besonders reich ist, das Musikalische nicht eine Wendung ins Bildhafte, deutlicher gesagt, Filmische erfahren hat. Das bedeutet nicht notwendig einen Mangel an absoluter sinfonischer Erfindung; es ist hier wohl gerade im Gegenteil als Steigerung gedacht, selbst auf die Gefahr hin, »programma-

8 Die Aufführung fand am 21./22. April 1947 im 3. Konzert des Gürzenich-Orchesters in der Spielzeit 1946/47 unter der Leitung von Jean Meylan statt.

9 Wahrscheinlich wurde das Werk in der von Zimmermann erwähnten Aufführung mit drei Trompeten – statt einer – gespielt.

tisch« zu wirken, die den Franzosen allerdings weniger bedenklich zu sein scheint als uns Deutschen! Überhaupt sind wir Deutsche allem Außermusikalischen gegenüber ziemlich empfindlich geworden, besonders bei der absoluten Musik. Anders ist es ja bei der Oper. Nun, dabei sind wir eben darauf vorbereitet, daß ein irgendwie gearteter Kompromiß zwischen Wort und Ton, Dichtung und Musik geschlossen wird, dem man je nach Geschmack und Bildung An- oder Aberkennung zollen wird. Diese Zugeständnisse sind bei der »musica absoluta« nicht möglich, und es ist ein Zeichen für die Potenz eines Schaffens wie das des Komponisten der *Liturgischen Sinfonie*, daß sie im strengsten Sinne nicht gemacht zu werden brauchen. Ich kann es noch einmal wiederholen: Der Ausgangspunkt der Sinfonie ist ein völlig absoluter. Wenn man das beim ersten Satz noch bezweifelt, so bringen der zweite und vor allem der dritte Satz die Gewißheit, daß ein großer Gedanke seinen homogenen Ausdruck im zeitlosen sinfonischen Kunstwerk gefunden hat.

Es ist nicht abzuleugnen, daß das Werk auf die Zuhörer zum Teil einen schockierenden und disparaten Eindruck machte, ohne daß es freilich zu Mißfallensäußerungen kam, die wohl aus Respekt vor der überdurchschnittlichen Leistung des Interpreten Günter Wand und des Orchesters unterblieben.

Wenn man nach der stilistischen »Ahnentafel« des erregenden und merkwürdigen Werkes fragt, so ist als geistiger Ahnenvater der geniale Berlioz als erster zu nennen. In der Kühnheit der Klangphantasie und in der konzessionslosen Wucht des instrumentalen Ausdrucks sind beide ebenso verwandt wie in ihrem instinktsicheren Gefühl für orchestrale Neuerungen. Was Honegger an neuem Orchesterklang in das Konzert der Instrumentatoren hineinbringt, ist freilich ohne Strauss und vor allen Dingen, als unmittelbarem Anreger, Strawinsky in seinem nach meiner Ansicht ureigensten Werk, dem *Sacre du printemps* (1913!), nicht zu denken. Jazzeinflüsse, die für Milhaud und Françaix so bezeichnende Entwicklungsstufen darstellen, wurden ebenfalls in nicht unbeträchtlichem Maße stilbildend, besonders deutlich in den Ecksätzen der *Liturgique*. Doch besitzt dies alles eine sekundäre Bedeutung vor der individuellen Aussage des Musikalischen in diesem exponierten Kunstwerk.

Es muß an dieser Stelle noch einmal mit allem Nachdruck auf den Interpreten Günter Wand hingewiesen werden, der das sehr schwierige Werk in einer solch eindringlichen, in die Kernsubstanz der Komposition vorstoßenden, fast möchte ich sagen philologischen Genauigkeit und konstruktiven Gestaltungskraft dargestellt und in seiner apokalyptischen Vehemenz ebenso wie in der beschwörenden Süßigkeit und Mystik seiner an El Greco gemahnenden Verzückungen und metaphysischen Tröstungen zum Ausdruck gebracht hat. Das Städtische Gürzenich-Orchester unterstützte ihn dabei mit gewohnter Präzision und anpassendem Einfühlungsvermögen gegenüber den Intentionen seines Kapellmeisters.

Von den Messekompositionen Mozarts erfreut sich mit Recht die *Große c-Moll-Messe* besonderer Beliebtheit. In dem Zug ins Große hat sie vieles mit der Monumentalität des *Requiems* gemeinsam, mit dem sie das Schicksal, von fremder Hand vollendet worden zu sein, teilt. (Die Komposition wurde von Schmitt bearbeitet.[10]) Manche Einwirkungen von seiten der Oper sind zu spüren und gehen zum Teil über den Rahmen des Liturgischen hinaus, beeinträchtigen jedoch in keiner Weise die architektonische Weite und Wucht der Anlage, die sich in großen schwingenden Bögen spannt und hierin auch in manchem wieder dem *Requiem* verwandt ist (besonderer Höhepunkt das achtstimmige »Qui tollis«).

Walburga Wegner und Ellen Bosenius bewiesen in ihren von Mozart besonders bevorzugt ausgestatteten Sopranpartien von neuem ihre stimmlichen und musikalischen Qualitäten und hinterließen einen recht befriedigenden und guten Eindruck. Die Herren Karl Schiebener (Tenor) und Ewald Kaldeweier (Baß)[11] sangen ihre Partien, die gegenüber denen der Soprane weniger stark in Erscheinung traten, mit schönem Timbre und gutem Einfühlungsvermögen. Die Chöre waren von großem Aufriß in den monumentalen Partien und dramatischer Potenz, während in den lyrischen Stellen eine unerschütterliche religiöse Gehaltenheit jenes echte Gefühl offenbarte, das ohne jegliches Pathos in der Sicherheit jener liturgischen Grundstimmung stand, die als Motto für das ganze Konzert dienen konnte.

Auch diesem Werk war Günter Wand, unterstützt durch das vorbildlich musizierende Orchester, ein hervorragender

10 Georg Aloys Schmitt (1827-1902) hatte die *c-Moll-Messe* im Jahre 1901 in einer vervollständigten Fassung vorgelegt.

11 Ewald Kaldeweier war 1946 Zimmermanns Gesangslehrer an der Musikhochschule. Bei der Uraufführung von *Lob der Torheit* am 25. Mai 1948 übernahm er das Baßsolo.

Interpret, und es kann keinen besseren Beweis für die universale Dirigierfähigkeit Günter Wands geben als dieses Konzert, das in gleicher Vollkommenheit und instinktiver musikalischer Sicherheit eine erregend moderne Sinfonie und ein klassisches Chorwerk zu gleich voll befriedigender und überzeugender Wirkung brachte.

Moderne französische Musik[12]

12 Erschienen in: *Kölner Universitätszeitung* 2 (1947/48), S. 198-200. Es handelt sich um eine Frühfassung des Aufsatzes »Jenseits des Impressionismus. Von Debussy bis zur ›Jeune France‹« (in: *Musica* 3 [1949], S. 439-441, wiederabgedruckt in: Wulf Konold [Hg.], *Bernd Alois Zimmermann. Dokumente und Interpretationen*, Köln 1986, S. 25-28).

Man wurde es in Frankreich eines Tages satt, immer den Harlekin des freien Geistes zu spielen, so wie man es satt geworden war, ewig Wagnersches Pathos in der Oper zu hören. Debussy schrieb aus diesem Anlaß seine Oper *Pelleas und Melisande*. Daß das Sujet eine Parallelkonstruktion zum *Tristan* war, spielt dabei keine Rolle. Jedenfalls wurde dem Wagnerschen Erlösungsdrama in Frankreich ein energischer Stoß versetzt, wenn auch nicht so sehr textbuchmäßig als vor allen Dingen musikalisch. Und auf die Musik kommt es bei der Oper in erster Linie an. Daß es ihm freilich einmal genauso wie Wagner gehen könne, fiel dem Komponisten des *Pelleas* nicht bei, und die Entwicklung ist in Frankreich derartig verlaufen, daß die Jugend sich zu Debussy etwa so verhält wie wir zu Wagner. Ein Treppenwitz des Schicksals; auch aus dem Generationsproblem nicht allein zu erklären.

Der Zopf der Alten war stets das besondere Gaudium der Jungen. Dafür ist das *Nusch-Nuschi* von Hindemith (im übrigen für Damen nicht allzusehr zu empfehlen) ein Prachtbeispiel. Ein allertristanischster Tristan im Marionettentheater, welche wundervolle Parodie! Doch ist damit auf die Dauer schlechterdings nicht weiterzukommen. Das beweisen alle Parodien jener Zeit, an denen es auch in Deutschland keineswegs gefehlt hatte. Ich erinnere nur, außer an Hindemith, an Krenek, Brecht, Weill u.a., und so finden wir seit längerer Zeit eine ernste Bemühung um Festigung und Klärung. Diese sogenannte Neoklassizität wird am entschiedensten von Igor Strawinsky erstrebt, der von allen wohl anfänglich am wenigsten dafür prädestiniert erschien.

Vergegenwärtigen wir uns kurz die Entwicklung der neuen französischen Musik etwa seit der »Schola cantorum«, die, von César Franck mitbegründet, in Vincent d'Indy und Gabriel Fauré ihre repräsentativen Führer fand. Der Kommende war schon unter ihnen: Claude Debussy! Schüler des Pariser Konservatoriums, wurde er der Impressionismus schlechthin. Es ist eine einmalige Erscheinung in der Musikgeschichte, daß sich eine stilistische Richtung so unabdinglich auf eine einzige Person festlegen läßt wie gerade bei Debussy. Natürlich kommt auch er, wie sie alle zu jener Zeit, in gewisser Weise von Chabrier her. Aber dann löst sich Debussy so gänzlich von seiner stilistischen Umgebung ab, daß es keine Vergleichsmöglichkeiten mehr gibt. Auch Ravel nicht, der völlig zu Unrecht mit Debussy zusammen genannt wird, so wie Kastor mit Pollux. Ravel ist von Debussy ähnlich weit entfernt wie Strawinsky von Hindemith oder Brahms von Bruckner. Freilich ist es leicht, gewisse verbindende Merkmale, die der Zeitstil, dem sich niemand ganz entziehen kann, bedingt, bei den Genannten zu finden. Aber es dürfte wohl kaum so schwierig sein wie gerade bei Debussy. Die Sensibilität seiner *Préludes* beispielsweise ist von einer derartig differenzierten Feinheit und seismographenhaften Empfindlichkeit, daß man von einer Entmaterialisierung des Klanglichen sprechen kann, wie sie bis dato und auch in dieser Form nicht nach ihm erreicht wurde. Diese morbidezza des Geistes fand gerade bei Debussy jene Sublimierung ins atmosphärisch Fluktuierende, ins schwebende Verzittern der Empfindungen, die den Ausgangspunkt der kleinen Kompositionen, deren »Überschriften« bezeichnenderweise jeweils am Schlusse stehen, völlig vergessen machen, woraus eine Verabsolutierung des Klanglichen und eine Transzendenz der Tonvorstellung resultierten, die deutlich auf Skrjabin hinweisen. Beide haben letztlich ihren Ausgangspunkt in Wagners Tristanharmonik. Jedoch welche Differenzierung bei dem einen gegenüber der ins Spekulative abgleitenden Mystifizierung bei dem anderen.

Mit Debussy ist eine völlig neue musikalische Situation geschaffen. Die Tonalität, die in ihren Grundzügen schon im *Tristan* aufgelöst war, ist einer gänzlichen Beziehungslosigkeit der Klänge gewichen, die lediglich ihre Berechtigung als Ausdrucks- und Empfindungswerte erfahren. Wir erinnern uns, bei Renoir, Manet und Sisley einer ähnlichen Auflösung von Linie und Form zu begegnen. Die Reaktion erfolgt auch hier wieder von innen. Genauso wie Cézanne und Gauguin allmählich wieder zu einer Konturierung von Farbe und Form gelangen, so vollzieht sich in einer eigentümlich ähnlichen Entwicklung die Rückbesinnung auf das Elementare bei Strawinsky. Jener Einbruch des Urhaften, des Exotischen war freilich nicht unvorbereitet. Die Kubisten hatten ihrerseits schon vorher die radikalen Konsequenzen gezogen und waren zu den Elementen vorgestoßen. Kubus und Zylinder stellten das formale Element aller ausdrucksmäßigen Bezüge dar. Diese Reduktion auf das Gerüstmäßige des Kunstwerks stellte weiterhin eine Simplifizierung des Kunsterlebnisses dar, die begreiflicherweise auf die Zeitgenossen sehr schockierend wirkte. Man stelle sich die Situation in Paris 1913 vor, als Strawinsky sein *Sacre du printemps* aufführte, jene schrankenlose Wildheit und Hemmungslosigkeit eines urhaften Rhythmus in ein Publikum hineinhämmerte, dem die statische Bewegungslosigkeit auf- und abgleitender Klänge die bekannte schläfrige Agonie verschaffte, die zum unveräußerlichen »Kulturgut« jedes blasierten Musikbürgers geworden war. Jean Cocteau hat eine hübsche Zeichnung gemacht, die den Eindruck des »massacre du printemps« (wie es bezeichnet wurde) recht sinnfällig wiedergibt. Der Einbruch des Rhythmischen fand naturgemäß seine entsprechende Transposition auf das Schaffen der Kubisten, die in dem Rhythmus der reinen Linie ein hervorrragendes Mittel zur Interpretation ihrer eigenen Ziele sahen. So sehen wir Leute wie Picasso, Braque u.a. um Strawinsky und Cocteau geschart, von denen der Letztere sehr bezeichnend feststellte, daß man den »Seidenpinsel« mit dem »Schlageisen« vertauscht habe. Die »Werkstatt« wurde so zur Zitadelle der Avantgardisten. Aus der Arbeit dieser Jahre resultierte dann jenes bedeutsame Werk russischen Charakters (übrigens das letzte dieser Art bei Strawinsky), *Les noces*, das den Typus der rhythmisch orientierten, glasklar durchkonstruierten »kubistischen« Erfindung darstellt, mit Betonung des objektiven, simplifizierten Charakters, zu dem der Vorwurf genug Anlaß gab. Stilistisch gesehen bedeuten jene Werke mit der nachfolgenden *L'histoire du soldat* 1918 – die mit einem Minimum an Aufwand ein Maximum an Ausdrucksintensität und letzter Konzentration des Dargestellten ermalt, wie es nur bei diesem einzigartigen Werk möglich war – die vollkommene Abkehr vom subjektiven zerfließenden Klangstil des Impressionismus zum objektiven, rhythmisch konzentrierten und formal durchkonstruierten Stil der »neuen Sachlichkeit« hin. Es ist wohl kein Zufall, daß Cocteau 1918 in seinen Aphorismen *Le coq et l'arlequin* ähnliche Prinzipien aufstellte – unabhängig von Strawinsky.

Bartók kommt in Ungarn vom Ausgangspunkt des Impressionismus zu einer in den Grundzügen verwandten Entwicklung, die einer geräuschartigen, primitiven Diktion das Wort redet, allerdings mit dem großen Unterschied, daß sich Bartók später dem Volkslied zuwendet und daraus jene eigentümliche Kraft des Schaffens ableitet, die seinen Spätstil zu klassischer Vollendung reifen läßt, wogegen Strawinsky sich dem Volkslied entfremdet und zu einer kosmopolitischen Unverbindlichkeit gelangt, die ihm neuerdings von den Russen sehr übelgenommen wird. Mag sein, daß Strawinskys Entwicklung in dem unerschöpflichen Strom der russischen Volksmusik das vitale Gegengewicht zu der kühlen Intelligenz seiner Erfindung gefunden hätte, so wie Bartók es in der ungarischen Volksmusik fand, wenn er überhaupt seiner ganzen Veranlagung nach dazu fähig war, woran nach dem *Sacre* und den *Noces* allerdings kaum zu zweifeln wäre.

Ravel nimmt im Gegensatz zu Strawinsky von vornherein keine solch exponierte stilistische Stellung ein. Impressionistisch anfänglich genauso beeinflußt wie alle Komponisten der Zeit, bekennt er sich sehr bald zu einer festeren Form und rationaleren Mitteln. Auch hier ist es, wie bei seinem Freunde de Falla, die starke Verwurzelung in der baskischen Volksmusik, die ihm im Blute lag und ihn sehr scharf von dem ästhetisierenden Sentiment des späten Debussy unterscheidet. Vor allem ist es bei Ravel die Anknüpfung an die alte französische Clavecinistentradition, die ihm formal ein festes Gerüst an die Hand gibt, das jedoch andererseits von Strawinskys glashärter Konstruktion durch die Noblesse seiner schmiegsamen Form deutlich abgegrenzt ist. Das bezeichnende Werk dieser Epoche ist wohl ohne Zweifel der *Tombeau de Couperin*. Der Titel sagt schon genug. Wie sehr muß man doch dieses klare und wohlausgewogene Werk dem reißerischen

Klavierkonzert vorziehen, das seinem Komponisten eigentlich erst zum entscheidenden Durchbruch in Paris verhalf. Aber wir wollen es nicht vergessen: Das französische Publikum will unterhalten sein – auch in der neuen Musik. Und das besorgt Ravel prächtig. Er mixt musikalische Cocktails, hat spritzige Bonbons und parfümierte Klänge auf Lager und wartet mit einem *Bolero* auf, der seine Wirkung nie verfehlt. Wie muß man es bedauern, daß von dem breiten Konzertpublikum solche Werke dem ungleich wertvolleren *Klaviertrio* und seinem hervorragenden *Streichquartett* vorgezogen werden. Gegen den »Zauber, die Magie und die Verzückung« des Ravellismus hat sich dann auch prompt die folgende Generation aufgelehnt. So schreibt Georges Auric, einer der »Six«, 1921 in der *Nouvelle Revue française*:[13] »Und ich denke auch an alles, was wir als Grundsatz haben werden: rotes Fleisch und herben Wein«, und weiter: »Man kennt die Müdigkeit des Eklektizismus, und um ihretwillen kann ich nicht gerecht sein gegen die Musik eines Ravel, eines immerhin ›Lebenden‹, während ich so sehr die eines Debussy (!) liebe, so fern sie auch meinem persönlichen Geschmack sein mag.« Dann noch deutlicher: »Die Jazzband hatte eine ausgezeichnete Position gegenüber den Wolken und Sirenen des Debussysmus, wie auf einer höheren, aber auch abseitigeren Ebene der *Sacre du printemps* und die neuere Produktion Strawinskys. Man ist nicht jeden Tag zur Gerechtigkeit aufgelegt, und ich habe es versucht, gegen Debussy zu sein. Dies vorausgeschickt, wie soll man die Mittelmäßigkeit all dessen schildern, was seine Ästhetik heraufbeschworen hat?« Die Reaktion blieb nicht aus. Satie schien jenes Wort Chabriers wahrmachen zu sollen, der sagte: »Ich mag nicht in die Häuser gehen, wo man das Wort ›Dreck‹ nicht aussprechen darf.«[14] Nun, seine »Ehrfurchtslosigkeit« hat die französische Musik zu neuen Zielen geführt. Wenngleich sein kompositorisches Schaffen hinter seinen Anregungen zurückblieb, wie ähnlich bei Casella in Italien, so waren es doch gerade seine Bemühungen, vor allem in der Filmmusik, die die neue Musik weitergebracht haben. Und hier war es Darius Milhaud, auch einer der »Six«, der Aurics »rotes Fleisch und herben Wein« zur Devise seiner Arbeit gemacht hatte. Kein literarischer, sondern ein echter Naturbursche mit fröhlichen Kakophonien, der den elementaren,

13 Georges Auric, »Les Ballets-Russes: à propos de *Parade*«, in: *La Nouvelle Revue française* 16 (1921), S. 224-227. Als Quelle diente Zimmermann vermutlich André Cœuroys Buch *Panorama de la Musique Contemporaine*, Paris 1928, S. 112 f., in dem sich noch zwei weitere von Zimmermann in seinem Aufsatz zitierte Stellen nachweisen lassen.

14 Vgl. Cœuroy, *Musique Contemporaine*, S. 114.

entfesselten Jazzrhythmus ebenso wie die transparente Polytonalität der erweiterten Harmonik liebte, ein frischer »Avantgardist« ohne jegliche Blässe und Reflektion und einer, der nicht leicht etwas ernster als nötig nähme. In seiner Kraft dem jungen Hindemith etwa des *Konzerts für Orchester* und der Oper *Neues vom Tage* vergleichbar, schrieb er Stücke wie *Salade* und *Le bœuf sur le toit*. Wie gesagt, es ist schade, daß jene Zeiten vorbei sind. Doch war diese prachtvolle Jugendlichkeit wohl lediglich ein notwendiges Durchgangsstadium vor der späteren Reife, was uns jedoch nicht hindert, mit einem leichten Bedauern an den »Sturm und Drang« dieser Komponisten zurückzudenken, so wie wir auch den prachtvollen jungen Hindemith keineswegs vergessen wollen, welche Gefahr in den letzten Konzertprogrammen nicht immer ganz gebannt zu sein scheint.

Es ist ein Zeichen für die expansive Kraft der Vereinigung der »Six«, daß sich solch grundverschiedene Köpfe wie Georges Auric, Darius Milhaud und Arthur Honegger nicht gegenseitig in ihrer Richtung behinderten. Gegenüber den avantgardistischen Bestrebungen seiner »Vereinsbrüder« erscheint Honegger in seiner Herkunft von Wagner und Strauss anfänglich noch konservativ zu sein. Alemanne von Geburt, ist er schon stammesmäßig von dem wegen seiner rassischen Abstammung beim Einmarsch der deutschen Truppen aus Frankreich emigrierten Milhaud unterschieden. Jedoch in seiner Grundhaltung nicht minder unbekümmert, gelangt er unter dem Einfluß von Claudel, dem übrigens Milhaud auch das Textbuch zu seiner Oper *Christophe Colomb* verdankt, über den *Pacific 231* und *Rugby* zu seinen späteren biblischen Werken, darunter *Saul*,[15] und den katholischen Schöpfungen des *Danse des morts* und der *Symphonie liturgique* etwa. Es ist schon des öfteren bemerkt worden, daß Honegger die Wendung zur Klassik nicht mitgemacht hat. Das liegt wohl nicht so sehr an einer stilistischen Starrheit und mangelnden Wandlungsfähigkeit – im Gegenteil hat Honegger seine Tonsprache konsequent weiterentwickelt, besser gesagt, verschärft –, sondern an seiner weltanschaulichen Fundierung im modernen Katholizismus, der den Ausdruck zum verbindlichen Kunstprinzip erklärt hat, nicht den Ausdruck um seiner selbst willen, sondern der Idee willen. Es ist daher auch weiter nicht

15 *Saul* datiert von 1922, gehört also keineswegs zu den »späteren« Werken Honeggers.

verwunderlich, wenn die jüngste Generation, mit Olivier Messiaen an der Spitze, den denkbar stärksten Gegensatz zu eben dieser primär ausdrucksgebundenen (expressionistischen) Musik, nämlich Strawinsky, auf das Heftigste bekämpft. Doch übersehen wir nicht dabei, daß das, was von der »Jeune France« bei Strawinsky als Scharlatanerie befehdet wird, im Grunde nichts anderes ist als der wenn auch vielleicht unverbindliche Versuch, der neuen Musik neue formale Impulse zuzuführen. Was auf den ersten Anhieb etwa wie ein stilistisches Globetrottertum amüsiert aufgenommen wird, eben das zugegebenerweise nicht geistlose Herumspringen in allen Stilarten und Formen, ist das durchaus ernste Bemühen um eine neue Form schlechthin. Und diese neue Form – Hand aufs Herz – haben wir nicht oder noch nicht; denn im Grunde genommen wandeln wir mehr oder weniger historische Form mehr oder weniger glücklich ab, ohne zu einer eigentlichen neuen formalen Gestaltung zu kommen. Ansätze sind da, genauer gesagt, waren da. Eine andere Frage ist die, wie groß die Influenz der Form als Gestaltungs- und Ausdrucksfaktor ist, wobei wir nicht vergessen wollen, daß Form bei der Musik mehr ist als Form im üblichen Sinne. Doch diese Frage zu beantworten, halte ich für ebenso verfrüht, wie die Ansicht jener Kreise, die neue Musik sagen und Strawinsky meinen. Bemerkenswert ist jedenfalls die Verlagerung des Schwergewichtes vom experimentellen, spielerischen Erproben der Darstellungsmittel und von den Vorstößen zu musikalischen Urelementen in den zwanziger Jahren zu einer ausdrucksmäßigen Vertiefung und Erfüllung des neugewonnenen und neueroberten »Tonmaterials« hin, die die Wendung zur »Klassik« einerseits als stilistisch historische Synthese und zur weltanschaulichen oder gar politischen Orientierung (Rußland) als gewissermaßen kosmischer Synthese andererseits begreiflich macht. In Frankreich ist es in ersterer Hinsicht der emigrierte Milhaud in seinen neuesten Werken (*Cellokonzert, Symphonie*) und in letzterer Honegger – und Messiaen. Eine Zwischenstellung nimmt der sehr bedeutende Albert Roussel ein, dessen *g-Moll-Sinfonie* von neuem seine Verankerung in mehr konservativen Bereichen verspüren läßt, während man von Francis Poulenc, Jacques Ibert und vor allem von dem unbekümmerten Jean Françaix André Cœuroys Wort gelten lassen könnte: »Wie stets, wenn sie gesund ist, geht die französische Musik ihrem Vergnügen nach«,[16] was die mehr spielerisch unkonventionelle Art jener Komponisten recht gut kennzeichnet. Im übrigen steht die jüngere Produktion noch unter dem sehr spürbaren Einfluß Ravels, eine Tatsache, die um so mehr Aufmerksamkeit auf Honegger, Messiaen und die »Jeune France« und auf den jetzt aus Amerika zurückgekehrten Milhaud lenkt.

16 Vgl. Cœuroy, *Musique Contemporaine*, S. 93 und S. 121.

Mysterium oder Oper[17]

Daß sich die Oper in einer Krise befindet, ist inzwischen sogar musikhistorisch geworden, und ihre jetzige Situation deutet darauf hin, daß diese Krise noch längst nicht überwunden ist. Kaum glaubt man, daß mit Werken wie *Wozzeck, Cardillac, Oedipus rex, Geschichte vom Soldaten* und ähnlichen ein neuer Operntyp oder genauer gesagt zwei geschaffen sind, nämlich die absolute Musikoper (*Cardillac*) und das szenische Oratorium (*Oedipus rex*), so wehrt sich das ungebärdige Kind der gräflich Bardischen Laune[18] gegen solche puritanischen »Einengungsversuche« und ruft entschieden nach »Musikalischem Theater« oder wieder – das ist allerdings der seltenere Fall – nach dem Musikdrama. Wir leben in unruhigen stilistischen Zeiten, und Befreiungsversuche sind bereits nach jeder Richtung unternommen worden – mit dem Ergebnis, daß man sich zunächst einmal von der doktrinären stilistischen Ängstlichkeit befreite. Das bedeutete für die Oper zum Teil Wiederkehr all der Dinge, die jeden wackeren Zeitgenossen vor zwanzig Jahren in Harnisch gebracht hätten, wie da sind: heroisches Pathos, wortgezeugte Deklamation oben und Psychologie unten (im Orchester), Erlösungsdrama und Bühnenweihfestspiel.

Es ist nicht von der Hand zu weisen, daß sich nun wieder eine neue Tendenz zur musikalischen Ausdrucksbetonung ankündigt, wofür Hindemiths jüngstes Schaffen ebenso zeugt wie das Honeggers, der »Jeune France« und – wenn auch auf einer anderen Ebene – der jüngsten sowjetischen Komponistengeneration. Es ist auch kein Zufall, daß Braunfels[19] seine

17 Erschienen in: *Kölner Universitätszeitung* 3 (1948/49), S. 13 f. Die Besprechung bezieht sich auf die Uraufführung von Walter Braunfels' »Mysterium« *Verkündigung* durch die Städtischen Bühnen Köln am 4. April 1948.

18 Die Zusammenkünfte im Haus des Conte Giovanni Bardi (1534-1614), die unter dem Begriff »Florentiner Camerata« berühmt geworden sind, gelten gemeinhin als Geburtsstunde der Oper.

19 Walter Braunfels (1882-1954), Schüler Leschetitzkys und Thuilles, war von 1925 bis zu seinem von den Nationalsozialisten erzwungenen Rücktritt im Jahr 1933 Direktor der Staatlichen Hochschule für Musik in Köln. 1945 wieder in sein altes Amt eingesetzt, leitete er die Hochschule bis zu seiner Pensionierung im Jahr 1950.

Verkündigung ein Mysterium nennt. Wenngleich die Entstehung dieses Werkes mit der brennenden Fragestellung nach der Schaffung einer neuen Opernform gar nichts zu tun hat, so besteht doch ein innerer Zusammenhang zwischen der jüngsten Orientierung am Ausdrucksmäßigen und seiner stilistischen Herrschaft vor etwa einem halben Jahrhundert. Diese »Donauversickerungen« eines musikalischen Gestaltungsprinzips sind um so aufschlußreicher, als ihr Wiederhervortreten, z.B. bei Hindemith und auf einer anderen Ebene auch bei Braunfels, in ursächlichem Zusammenhang zu ihrer damaligen Entfernung aus der deutschen Musikwelt steht. Was Braunfels jedoch von Hindemith unterscheidet, ist die fast »unzeitgemäß« zu nennende Verneinung der modernen Mittel, die den neuen Stil mit zu prägen halfen und die gerade dem jungen Hindemith jene bekannte avantgardistische Haltung aufprägten, die mit dem Überkommenen gründlich aufräumte.

Braunfels geht in der Anwendung seiner Mittel im wesentlichen nicht über Pfitzner und Strauss hinaus, und so ist sein Mysterium im ganzen gesehen doch ein Musikdrama. Darauf deuten neben anderem besonders die Behandlung des Wortes und des Orchesters hin. Lediglich die Chöre bringen, besonders im dritten Akt bei der Verkündigung der Weihnachtsbotschaft und zum Schluß des vierten Aktes, eine unverkennbare Wendung zum Oratorischen, dessen Darstellung durch die Benutzung der Claudelschen Dichtung besonders nahelag.

Es scheint nicht von ungefähr zu kommen, daß sich gerade die modernen Komponisten, darunter vor allen Dingen Honegger, Milhaud und Messiaen durch Claudel zu der Anwendung »dramatischer Legenden«, »Oratorienopern« u.a.m. veranlaßt sehen, und es muß wohl ein tieferer Zusammenhang zwischen der Ausdruckswelt Claudels und dem musikalischen Stil- und Formgefühl bestehen. Braunfels ist jedoch viel zu sehr in seinem improvisatorisch bestimmten Schaffensprinzip an letztlich spätromantischer Art orientiert, um jene Wendung zu den modernen Ausdrucksformen ohne Verleugnung seiner Persönlichkeit mitmachen zu können, und so bleibt auch der Gesamteindruck des Mysteriums der *Verkündigung* letztlich der einer im Grunde posthumen Oper.

Der Grundgedanke des Mysteriums, dessen Text Jakob Hegner nach der Claudelschen Vorlage nachdichtete, ist der

Opfergedanke. Violaine, die reine, vom Aussatz befallene Jungfrau, verzichtet schuldlos auf Liebe und Ehe und geht ihren Opfergang inmitten einer Welt von Verachtung und Verfolgung getreulich bis zum Ende, das von der Widersacherin, ihrer Schwester Mara, durch einen Unfall herbeigeführt wird. Zuvor gab Violaine in dem Wunder der Weihnacht dem toten Kinde ihrer Schwester das Leben und ihre Augen, die sie, die Erblindete, verloren hat. Zum Schluß stirbt sie, mit dem eifersüchtigen Jakobäus ausgesöhnt, den christlichen Erlösungstod.

Die Musik, die Braunfels dazu geschrieben hat, ist besonders im zweiten Akt von dramatischer Dichte. Leitmotivische Verknüpfung ist überall zu spüren. Im dritten Akt und zum Schluß fließt, wie schon erwähnt, oratorische Breite mit ein, die in der ganzen Faktur an Pfitzner erinnert. Die Partitur bevorzugt das differenzierte Kolorit des zwielichtigen Helldunkels etwa des *Palestrina*.

Das Werk war von Hellmut Schnackenburg,[20] der ebenfalls wie der Regisseur Dr. Alexander Schum[21] in Köln gastierte, in eindringlicher Form einstudiert worden, das um so mehr, als Schnackenburg mit der Entstehung der Oper in den Jahren 1933 bis 1936 aufs innigste vertraut war, weshalb man sich im ganzen eine größere Elastizität gegenüber den Solisten auf der Bühne und eine größere klangliche Differenzierung im Orchester hätte wünschen können. Frithjof Haas hatte die bemerkenswert schönen Chöre einstudiert. Das Bühnenbild und die Kostüme waren von Theodor C. Pilartz besorgt worden. Die Kölner Oper hatte ihre besten Kräfte zur Verfügung gestellt. Allen voran Trude Eipperle, gesanglich wie darstellerisch eine ideale Violaine. Walburga Wegner als Mara, Wilhelm Otto als Peter von Ulm waren, neben dem Andreas Gradherz Gerhard Gröschels, ausgeprägte Darsteller, die sich würdig der Leistung der Violaine zur Seite stellten. Weiterhin traten Elisabeth Urbaniak und Irmgard Gerz bedeutsam hervor.

20 Hellmut Schnackenburg (1902-1974) hatte in Köln bei Walter Braunfels und Hermann Abendroth studiert und war ab 1937 Generalmusikdirektor in Bremen, wo er später die Leitung des Konservatoriums übernahm.

21 Alexander Schum (1896-1979) war zwischen 1923 und 1931 Oberspielleiter an Opernhäusern in Essen, Berlin, Duisburg und Dresden, sowie von 1934 bis 1944 Intendant in Braunschweig.

Hindemith und Brahms im 5. Sinfoniekonzert [22]

[22] Erschienen in: *Kölner Universitätszeitung* 3 (1948/49), S. 15. Die Besprechung bezieht sich auf das 5. Konzert des Gürzenich-Orchesters in der Spielzeit 1947/48, das am 1./2. März 1948 stattfand.

Wenn man sich daran erinnert, daß Brahms auf Hindemith in seinen ersten Anfängen einen nicht beträchtlichen stilistischen Einfluß ausgeübt hat, so ist die spätere Rückwendung des sogenannten mittleren Hindemith zu der geistigen Haltung Brahms' nicht ganz unverständlich. Abgesehen davon, daß beide Komponisten in der spezifischen Art der »strammen Arbeit« ebenso wie in der formalen Problemstellung der Nutzbarmachung des Einfalls miteinander verwandt sind – beiden ist die Betonung des Handwerklichen gemeinsam –, besteht darüber hinaus eine unverkennbare Orientierung zum schlechthin Ausdrucksmäßigen im Gegensatz zum rein Musikantischen, dessen übrigens Brahms ebenso wie der frühe Hindemith durchaus nicht entbehrt. So ergibt sich jene schon so oft erwähnte Wendung Hindemiths nicht nur zur klassischen Form, sondern auch zur dementsprechenden geistigen Haltung, beides Dinge, die sich gegenseitig so stark bedingen, daß eines ohne das andere ohne stilistischen Bruch nicht denkbar erscheint. Man spricht zwar sehr häufig von dem Neoklassizismus Strawinskys, übersieht aber dabei meist, daß es eben doch ein Neoklassizismus ist, womit auch letztlich der Charakter des Experiments, nämlich eben eine neue Form für die veränderte geistige musikalische Haltung zu finden, betont ist. Das ist bei Hindemith zweifelsohne nicht in diesem Umfange der Fall, und wenngleich auch die Mittel andere sind, bleibt doch der Gehalt im wesentlichen derselbe: ausdrucksgeladene große Sinfonik, wie sie eben für Brahms und Bruckner kennzeichnend und wesensbestimmend ist. Es kann nichts gegen den ersten Satz der *Sinfonie in Es* von Hindemith besagen, daß er ohne Beethovens *Fünfte* undenkbar ist – was ist überhaupt ohne Beethoven, vor allen Dingen seine letzten Quartette, bei einem guten Teil der neuen Musik denkbar? –, aber die Rückwendung zur spätromantischen Ausdruckswelt (besonders im zweiten Satz) ist doch für Hindemith schon ein weiter Weg. Schließt sich hier ein Kreis, der von einer überragenden Begabung mit unerbittlicher Konsequenz durchmessen wurde? Liegt hier ein immanentes Gestaltungsprinzip vor, das nach expansivem Durchlaufen aller Möglichkeiten als letztlich verbindlich betrachtet wird? Das sind Fragen, die nicht von der Hand zu weisen sind. Ich glaube nicht, daß man ohne weiteres bei einer so konsequenten Entwicklung wie der Hindemiths dieses Phänomen als Reaktion abtun kann. So einfach scheint mir die Sache doch nicht zu sein. Am ehesten ist wohl eine Erklärung für diese Erscheinung in der Wahlverwandtschaft beider Komponisten zu finden, die über Zeit und Stil hinweg zur Ausprägung kommt. Günter Wand war in seiner bekannten großräumigen Gestaltungskraft ebenso wie in dem kennzeichnenden Gefühl für den architektonischen Aufriß des Werkes zusammen mit dem hervorragend musizierenden Orchester der gefeierte ideale Interpret.

Das *Deutsche Requiem* von Brahms gehört seit jeher zum Monumentalrepertoire der großen Chorkonzerte und galt lange für das bedeutendste Werk des Komponisten. Für uns bleibt es das Zeugnis einer echten, tiefen Religiosität und ist in seiner Tiefenwirkung nach wie vor ein wesentlicher Bestandteil musikgewordener Gläubigkeit. Die großen Chöre, die das Werk maßgeblich bestimmen, wurden von dem Gürzenich-Chor und dem Chor der Städtischen Bühnen überzeugend dargestellt, und auch hier wieder bewies Günter Wand seine immer wieder neu sich bestätigende Fähigkeit als großer Chorerzieher, wobei besonders die Monumentalität der Darstellung jenes unverkennbare Korrelat zur religiösen Aussage aufweist, das für Wands Auffassung so kennzeichnend ist. Kammersängerin Trude Eipperle und Ewald Kaldeweier waren die würdigen Solisten und bewiesen ebenso durch den edeln Ernst ihrer Auffassung wie durch die Kultur ihrer Stimmen ihre schöne Eignung für die hohe Aufgabe des Oratoriengesangs. Das Gürzenich-Orchester assistierte dabei mit gewohnter Qualität und Anpassungsfähigkeit.

Oper der Zeit (Politische Oper)[23]

Die Kölner Kammerspiele brachten in der Regie von Erich Bormann[24] drei Operneinakter zur Aufführung, die uns trotz der Gegensätzlichkeit der behandelten Stoffe einen ausgezeichneten Einblick in die Oper der Zeit vermittelten. Das interessanteste Werk war die Kammeroper *Der Steinbruch* von

23 Erschienen in: *Stimmen,* H. 13-14 (1949), S. 390 f., in der Rubrik »Stimmen des In- und Auslandes« unter der Überschrift »Köln« zusammen mit Zimmermanns Besprechung der deutschen Erstaufführung von Benjamin Brittens *Raub der Lukrezia*. Der Titel »Oper der Zeit (Politische Oper)« entstammt Zimmermanns Typoskript.

24 Erich Bormann (geb. 1907) war von 1934 bis 1972 als Oberspielleiter an der Kölner Oper tätig. Er beteiligte sich in den fünfziger Jahren als Textbearbeiter an zwei nicht realisierten Musiktheaterprojekten Zimmermanns – *Camino Real* nach Tennessee Williams und *Les Rondeaux* von Alphons Silbermann nach Ben Jonson – und wies den Komponisten 1957 auf Jakob Michael Reinhold Lenz' *Soldaten* hin.

Erich Bormann, Musik von Friedrich Schmidtmann,[25] die man als Uraufführung hörte. Das Stück ist von brennender Aktualität, da es um die Sühne eines Kriegsverbrechens geht, das Manuel, die Hauptfigur, begangen hat. Die Handlung ist in den spanischen Bürgerkrieg verlegt worden, jedoch springt die Beziehung zur Jetztzeit überall in die Augen. Manuel wird zum Tode verurteilt, weil er in einem Steinbruch eine Mutter und ihr Kind, die im Dienste des Feindes standen, auf Befehl des Anführers der Partisanengruppe erdrosselt hat. Das Urteil wird jedoch in einen Freispruch verwandelt, »weil er als gehorsamer Soldat einen Befehl ausführte, der dem Vaterland zum Heile gereichte«. Hierauf erzählt der Richter als Mensch dem Freigesprochenen die Herdersche Parabel von dem Sklaven, der sich lieber die Hand abschlug, als den Befehl zur Tötung eines Mitsklaven, der ungerecht verurteilt wurde, auszuführen.[26] Der Richter schließt mit den Worten: »Die Willkür wird ohnmächtig, wenn es ihr am Werkzeug fehlt.« Damit bleibt die Handlung offen, und auch der Freispruch, der das Werkzeug der Rache, Manuel, von seiner Schuld befreite, wird relativ.

Bormann hat die Handlung aufs Äußerste konzentriert und erreichte dadurch, daß er, wie ähnlich André Obey,[27] die für den Fortschritt des Stücks wichtigen Szenen mit der Technik der filmischen Rückblende einführen läßt, eine scharfe Steigerung des Tempos, die den dramatischen Ablauf des Stückes in hohem Maße begünstigt.

Der 1913 geborene Schmidtmann schrieb dazu eine Musik, die als unmittelbarer Ausdruck des Dramatischen die Akzente und Impulse, die von dem Stück ausgehen, aufgreift und verstärkt. Der Komponist bedient sich dabei im wesentlichen einer Schreibweise, die in dieser Beziehung über das Illustrative hinaus instinktiv sichere Bühnenmusik ist; hier das Wort »Bühnenmusik« in seinem ureigensten Sinne gemeint, als Musik, die der Bühne das gibt, was ihr zukommt. Es versteht sich gewissermaßen von selbst, daß bei der Funktion einer solchen Musik jegliche musikalischen Entwicklungstendenzen, im Sinne Hindemiths etwa, ausgeschlossen sind. Orff ist in seiner Reihungstechnik, in seiner additiven Steigerungsmanier zum unmittelbaren Vorbild des Komponisten geworden, was durchaus nicht die Eigenartigkeit des Einfalls

---

[25] Friedrich Schmidtmann (1913-1991) studierte am Konservatorium in Mönchengladbach und an der Kölner Musikhochschule bis 1939. Ab 1946 war er Musikkritiker der *Rheinischen Post* und lehrte ab 1964 am Konservatorium in Dortmund.

[26] Johann Gottfried Herder, »Die rechte Hand« aus *Neger-Idyllen*, in: *Briefe zu Beförderung der Humanität*, 10. Sammlung (1797), Nr. 114.

[27] Von André Obey (1892-1975) war 1948 im Studio der Städtischen Bühnen Köln das Drama *Revenu de l'étoile* (1939) aufgeführt worden. Zimmermann rezensierte diese Aufführung für die *Rhein-Ruhr-Zeitung* und die *Kölner Universitätszeitung*.

bei Schmidtmann beeinträchtigt. Dieser Einfall ist sparsam verwendet, wird jedoch in der musikalischen Ökonomie des Stückes, eben in seiner additiven, ostinaten Wiederholung, überbeansprucht, so daß seine ursprüngliche dramatische Potenz sich durch die penetrante Wiederholung abnutzt. Diese Wiederholung, die durch die filmische Rückgreiftechnik des Stückes teilweise bedingt ist, bekommt dadurch unfreiwillig den Charakter eines Leitmotivs, oder genauer gesagt, eines »Leit-Ostinatos«. So vor allem bei den pochenden Achteln des Eingangs, die die Angst des Verurteilten zum Ausdruck bringen (»nur noch wenige Stunden, dann werde ich hingerichtet«). Die Tonsprache Schmidtmanns ist von einer aggressiven Eindringlichkeit und bevorzugt insbesondere die Dissonanzverschärfungen der Vielklänge, die sich aus kleinen Sekunden, Quarten und großen Septimen zusammensetzen. Das Stück, übrigens das erste Bühnenwerk des Komponisten, der bisher nur mit einer *Klaviersonate* und mit einem *Scherzo* an die Rundfunköffentlichkeit getreten ist, ist ohne Zweifel eine starke Talentprobe und läßt eine spontane dramatische Begabung erkennen.

Vor dem *Steinbruch* hörte man *Die Flut*, Kammeroper nach einer Novelle von Guy de Maupassant von Heinz von Cramer, Musik von Boris Blacher. Dieses viel umstrittene Stück von Boris Blacher leidet offensichtlich an der Schwäche des Librettos, das beängstigend in die Nähe eines blutigen Opernverismus kommt. Die Musik Blachers ist auf die einfachste Formel gebracht. Diesen Vereinfachungstendenzen ist der Komponist jedoch rein einfallsmäßig streckenweise selbst erlegen. Die gewollte Simplizität wird hier zum Fallstrick der eigenen Erfindung. Im großen gesehen ist das Stück jedoch von einer Dramatik erfüllt, die mitreißt. Bewundernswert ist es, wie der Komponist es manchmal mit winzigen Mitteln, einer Flötenfigur, einem immer wiederkehrenden einfachen Streicherrhythmus, wandernden Pizzicati der Bässe und ähnlichen aufs Einfachste reduzierten Mitteln, versteht, eine prägnante dramatisch musikalische Atmosphäre zu schaffen. Das Stück zeugt von einer hohen Könnerschaft der Orchesterbehandlung und einem Gefühl besonders für die lyrische Verhaltenheit des Ausdrucks in der Liebesszene des Fischers und des Mädchens und dem »Liede« des wartenden Fischers am Schlusse des Stückes. Die Tautologien des berichtenden Chors traten in der Kölner Inszenierung nicht so störend hervor, da der Chor nicht sichtbar war.

Den heiter-grotesken Abschluß des Abends bildete die Uraufführung der Kammeroper *Die feindlichen Nachbarn* nach Wilhelm Busch von Erich Bormann, Musik von Paul Breuer.[28] Der köstliche Streit zwischen dem Maler und dem Musikus, die Wand an Wand sich Verdruß bereiten, inspirierte den Komponisten, der als Kontrabassist im Städtischen Gürzenich-Orchester tätig ist, zu einer heiter beschwingten Musik, die in ihrem Humor der Buschiade voll gerecht wurde. Das Stück ist von einer blühenden musikantischen Erfindung und einer mühelosen Leichtlebigkeit der »durchbrochenen« Arbeit, dabei fehlt es durchaus nicht an lyrischen Stellen und zum Teil derben grotesken Episoden. Die Oper ist eines von jenen Werken, bei deren öfterem Anhören man immer wieder neue musikalische Feinheiten entdeckt, und das ist gewiß nicht das Schlechteste, was man von einer Musizieroper sagen kann.

Bormann war seinen eigenen Stücken und auch der *Flut* ein authentischer Regisseur. Das wurde besonders bei dem al-fresco-Stil des *Steinbruchs* deutlich. Es gelang ihm, drei Stücke völlig gegensätzlicher Natur, und alle drei modernes Theater, sogar politische Oper, überzeugend mit den Gegebenheiten der Kölner Kammerspiele in Einklang zu bringen. Man kann diese Inszenierung getrost als eine der geglücktesten Leistungen der modernen Opernregie bezeichnen, und Köln verdient bei diesem Kammerspielstil unbedingt das Prädikat der kompromißlosen Fortschrittlichkeit.

Matthias Bungart[29] dirigierte die äußerst schwierigen Stücke (vor allem *Der Steinbruch* und *Die feindlichen Nachbarn*) mit sauberer Präzision und spontaner Unmittelbarkeit, und es gelang ihm ausgezeichnet, Bühne, Sänger und Orchester zu einer geschlossenen, hochwertigen Leistung zu bringen und so zu einem günstigen Gesamteindruck des Kammerspiels zu gelangen.

Charlotte Hoffmann-Pauels, Felix Knäpper, August Griebel und Karl Bernhöft waren die Solisten der *Flut* und bildeten ein ausgezeichnetes, geschlossenes Ensemble. Robert Blasius war als Manuel die ausdrucksvollste Leistung im *Stein-*

---

28 Paul Breuer (1918-1993) war als Komponist Schüler Jarnachs. Er spielte als Kontrabassist im Gürzenich-Orchester, lehrte vorübergehend Komposition in Detmold und übernahm später eine Kontrabaßklasse an der Kölner Musikhochschule. Breuer war in den Nachkriegsjahren Wohnungsnachbar Zimmermanns in der Zülpicher Straße. Die freundschaftlichen Beziehungen kühlten 1965 aufgrund von Auseinandersetzungen bei den Proben zu den *Soldaten* ab.

29 Matthias Bungart (1904-1981), Schüler Hermann Abendroths, war Kapellmeister an den Städtischen Bühnen Köln und später Leiter des Orchesterbüros des WDR. Er dirigierte für den NWDR Köln 1948 die Produktion von Zimmermanns Volksliedkantate *Die Brünnlein, die da fließen* und 1952 die der Funkoper *Des Menschen Unterhaltsprozeß gegen Gott*.

bruch. Er wurde dabei von Karl Schiebener, Werner Alsen, Alexander Schoedler und Anton Germann sowie Richard Asmann als Richter hervorragend unterstützt. Alexander Schoedler als Kontrabassist, Karl Schiebener als Maler waren die köstlichen Agenten der *Feindlichen Nachbarn.* Es gelang beiden vortrefflich, nicht nur gesanglich, sondern auch darstellerisch zu dem Erfolg des Abends beizutragen.

Die beiden anwesenden Komponisten, Schmidtmann und Breuer, konnten einen starken Erfolg verbuchen.

Woche für neue Musik in Frankfurt[30]

Die Woche für neue Musik in Frankfurt war durch ihren europäischen Charakter besonders gekennzeichnet. Die Durchführung, die in diesem Jahre erstmalig mit den internationalen Ferienkursen für neue Musik in Darmstadt verbunden war[31] – eine besonders glückliche und fruchtbare Lösung –, lag wie immer in den Händen von Heinz Schröter,[32] Radio Frankfurt. Zum ersten Male beteiligten sich in diesem Jahre die Orchester des NWDR Hamburg (Schmidt-Isserstedt) und SWF Baden-Baden (Rosbaud) neben dem Orchester von Radio Frankfurt (Schröder,[33] Zillig). Es gab insgesamt vier Sinfoniekonzerte, vier Kammermusikkonzerte und acht Vorträge (in den Darmstädter Ferienkursen). Das Kennzeichnende des musikalischen Programms war, über den großräumigen Charakter der neuen Weltmusik hinaus, in der beinahe schon historischen Übersicht über die Gesamtentwicklung der neuen Musik gegeben, die von ihren ersten Anfängen bei dem Usurpator der neuen Musik, Arnold Schönberg, bis auf die heutige Zeit in dem ganzen Umfange ihrer Richtungen und Strebungen aufgewiesen wurde. Dabei wurden auch in diesem Jahre Werke der Zwölftonkomposition in besonderem Umfange herausgegeben. Welche stilistischen Möglichkeiten die Reihenkomposition enthält, wurde bei solch unterschiedlichen Werken wie etwa Schönbergs *Violinkonzert op. 36*, von Tibor Varga (London) hinreißend in Ton, Technik und Auffassung gespielt, Kreneks *Drittem Klavierkonzert* (1946), von Peter Stadlen (London) ebenfalls ganz außerordentlich

30 Erschienen in: *Rheinische Zeitung,* Nr. 86, 23. Juli 1949. Wiederabgedruckt in: Klaus Ebbeke, *Bernd Alois Zimmermann 1918-1970. Dokumente zu Leben und Werk*, Berlin 1989, S. 33 f.

31 Die Frankfurter »Woche für neue Musik« bildete 1949 den Auftakt der Darmstädter Ferienkurse. Die Veranstaltungen fanden größtenteils mit gleichem Programm in Frankfurt und Darmstadt statt.

32 Heinz Schröter (1907-1974) leitete von 1945 bis 1953 die Kammermusikabteilung und von 1953 bis 1957 die Hauptabteilung Musik des Hessischen Rundfunks. Wiederholt setzte er sich für Aufführungen Zimmermannscher Werke – besonders im Rahmen der 1946 von ihm begründeten Frankfurter »Woche für neue Musik« – ein. Von 1957 bis 1972 war er Direktor der Kölner Musikhochschule. An der Berufung Zimmermanns an die Hochschule im Jahre 1958 hatte er maßgeblichen Anteil. Schröter ist, zusammen mit Carl Seemann, Widmungsträger von Zimmermanns *Perspektiven*.

33 Kurt Schröder (1888-1962) war von 1946 bis 1953 Leiter der Abteilung Musik und des Sinfonieorchesters des Hessischen Rundfunks in Frankfurt.

interpretiert, Mario Peragallos vitaler und zugiger *Musik für doppeltes Streichquartett* oder Anton Weberns depressiv-sensitiven *George-Liedern op. 3* und *op. 4* deutlich.

Der stärkste Eindruck der Musikwoche war ganz ohne Zweifel das Konzert mit Werken Schönbergs, das Winfried Zillig, ein Schüler Schönbergs, mit dem Frankfurter Rundfunkorchester überzeugend und expressiv dirigierte. In der vorzüglichen Programmfolge, die sowohl die Frühwerke, von den *Gurreliedern* angefangen, als auch die Werke der Reihenkomposition enthielt,[34] wurde für viele junge Hörer die überragende Bedeutung Schönbergs nicht nur als eigentlicher Initiator der neuen Musik klar, sondern vor allem als Persönlichkeit von einer Potenz der Aussage. Deutlicher konnten nicht die Unterschiede zwischen Schönberg, Strawinsky und Hindemith hervortreten als in dieser Musikwoche, und es scheint nicht nur an der neuen geistigen Orientierung zum Ausdruckshaften, Expressiven zu liegen, daß die Meisterwerke der mittleren Schaffensperiode Strawinskys und Hindemiths, die zu hören waren, *Sacre du printemps* und *Streichtrio op. 34*, eine größere und unmittelbarere Affinität zu unserer Zeit und unserer Generation aufwiesen als *Orpheus* (1947) von Strawinsky und Hindemiths *Klavierkonzert* (1945) und *Cellosonate* (1948), von Seemann und Hoelscher mit stupendem Können in vollkommener Weise gespielt, wobei Heinz Schröter als »Begleiter« seine enorme pianistische Kunst in der Bewältigung des vertrackten Klavierparts erneut unter Beweis stellte.

Ein weiterer Beweis für die Affinität zu der Frühepoche der neuen Musik war die enorme Publikumswirkung von Bartóks *Sonate für zwei Klaviere und Schlagzeug*, dessen *Drittes Klavierkonzert*, von Monique Haas blendend und mit bestechender Eleganz gespielt, jedoch musikalisch ungleich reifer und abgeklärter ist und mit Recht seinen hervorragenden Platz in der modernen Konzertliteratur einnimmt. Demgegenüber stand Olivier Messiaens *Visions de l'Amen* im leeren Raum. Der erhabene religiöse Gehalt der Visionen wurde in der Anwendung völlig heterogener und deplacierter Mittel fast zur Farce, bedenklich vor allem in seinem erotischen Exhibitionismus. Ein weiteres Werk religiösen Inhalts war der *Großinquisitor* Blachers, der eine gewisse geistige Verwandt-

34 Auf dem Programm des Konzertes standen die *Fünf Orchesterstücke op. 16*, das »Lied der Waldtaube« aus den *Gurreliedern*, das *Violinkonzert op. 36* und die *Variationen op. 31*.

schaft in der ganzen Art seiner Anlage mit Händels Oratorien aufwies, ohne jedoch in seiner Indifferenz über eine gewisse Allgemeinverständlichkeit hinauszukommen. Fortners *Drittes Streichquartett*, durch die Kölner Uraufführung schon bekannt, und Egks *La Tentation de St. Antoine*, ein geistreiches und raffiniertes Stück gekonnter Musik, machten mit den führenden deutschen Komponisten bekannt, die beide in ihrer Potenz auch im internationalen Konzert nicht zu überhören sind. Honegger und Prokofjew vervollständigten den Reigen der internationalen Komponisten, und vor allem war es Honegger mit *Horace victorieux. Symphonie mimée pour orchestre* (1920), der eine starke Wirkung erzielte. Einen sympathischen Eindruck hinterließen Michael Tippett, der ohne ausgesprochene Modernität der Mittel doch durchaus modern zu musizieren weiß, und der Holländer Henkemans, der mit einer frischen und virtuosen *Sonate für zwei Klaviere* Zeugnis seiner ursprünglichen und musikantischen Begabung ablegte.[35]

Uraufführungen von unterschiedlichem Wert erlebten Werke von Conrad Beck mit einer anmutigen, etwas impressionistisch angehauchten *Sonatine*, Wolfgang Niederste-Schee, Rolf Liebermann, Walter Faith und Hans Werner Henze.[36] Der junge, sehr begabte Henze gab mit einem *Apollo et Hyazinthus* eine neue Probe seines Könnens, das neuerdings eine starke Bereicherung nach der verinnerlichten, ausdrucksmäßigen Seite erfahren hat im Sinne einer modernen Romantik.

Im ganzen gesehen hatte die Musikwoche sowohl hinsichtlich des Programms als auch hinsichtlich der Solisten ein derartig hohes Niveau, ganz abgesehen von der Tatsache, daß Werke aufgeführt wurden, die man bisher nicht gehört hatte, wie es bis jetzt in Deutschland nach dem Kriege nicht möglich war.

Kompositionstechnik und Inspiration[37]

Der besondere Wert der Veranstaltung lag vor allem in der Übersicht über die ganze Breite der internationalen Entwicklung der neuen Musik, von Schönberg angefangen bis auf die heutige Zeit, mit allen Richtungen und Strebungen, wie sie

35 Die *Sonate für zwei Klaviere* (1942/43) von Hans Henkemans (geb. 1913) erlebte am 25. Juni ihre deutsche Erstaufführung.

36 Zu Conrad Becks *Zweiter Sonatine für Klavier* von 1941, die – wie die Kompositionen von Niederste-Schee und Liebermann – im ersten Kammerkonzert am 20. Juni gespielt wurde, vermerkte Zimmermann in seinem Exemplar des Programmheftes: »impressionistisch (Häufung / von Sekundmischungen) / mattes Presto«. Sein Kommentar zum *Streichquartett in D* (1948) von Wolfgang Niederste-Schee (1910-1986) lautete: »kontrapunktisch konstruktiv / Einfall nicht sehr originell / (Hindemith-Einfluß)«, und zu Rolf Liebermanns dramatischer Szene *Chinesisches Lied* für Alt, Tenor und Klavier (1949) notierte er »Zwölftontechnik / (impotenter Einfall)«. Von Walter Faith (geb. 1921) wurde im Eröffnungskonzert am 19. Juni die *Musik für Bläser, Klavier und Schlagzeug op. 18* uraufgeführt.

37 Erschienen in: *Das Musikleben* 2 (1949), S. 242 f., unter dem Motto »Junge Komponisten schreiben über ›Die Internationalen Ferienkurse für neue Musik‹ in Darmstadt« zusammen mit Beiträgen von Giselher Klebe, Wolfgang Hohensee und Gerhard Troeger. Der Aufsatz entwickelt – ebenso wie der Bericht »Woche für neue Musik in Frankfurt« – Themen, die Zimmermann zuvor in dem Artikel »Technik und Inspiration« (in: *Darmstädter Echo*, 9. Juli 1949, wiederabgedruckt in: Borio / Danuser [Hg.], *Im Zenit der Moderne* Bd. 3, S. 469-471) exponiert hatte.

heute vor uns liegen und wie es in dem gedrängten Rahmen einer Musikwoche möglich war. Dabei wurden in diesem Jahr Werke der Zwölftonkomposition (besser würde man zur Vermeidung von Mißverständnissen Reihenkomposition sagen) in besonderem Umfang herangezogen und damit ein guter Überblick über die rein musikalische Auswirkung dieser Kompositionstechnik im Stile eines Komponisten gezeigt. Welche stilistischen Möglichkeiten die Reihenkomposition enthält, wurde bei solch unterschiedlichen Werken wie etwa Schönbergs *Violinkonzert op. 36*, Kreneks *Drittem Klavierkonzert* (1946), Mario Peragallos *Musik für doppeltes Streichquartett* oder Anton Weberns *George-Liedern op. 3* und *4* deutlich.

Die Auseinandersetzung mit der Reihenkomposition war auch im wesentlichen der »cantus firmus«, um den sich die Vorträge und Diskussionen, in den Ferienkursen sogar bis ins Musiksoziologische hinein, als kontrapunktisches Gewebe drehten. Obwohl es sich bei der Dodekaphonie ganz eindeutig um eine reine Kompositionstechnik handelt, wurde sie als Stil schlechthin angesprochen (!), ein Beweis für ihre extravertierte stilbildende Kraft – und die Verwirrung der Begriffe.

Die auffallende Zuwendung einer ganzen Reihe von Komponisten zur Dodekaphonie in der jüngsten Zeit ist wohl in erster Linie in dem Bemühen um den gesetzmäßigen Aufbau des musikalischen Kunstwerks zu sehen, da mit dem Vollzug der Atonalität die harmonische Bindung in der bisherigen tonalen Form aufgegeben wurde und sich die Notwendigkeit einer neuen konstruktiven Bindung ergab, die gleichzeitig auch die klangliche Entwicklung rechtfertigen mußte. Diese neue Bindung, zunächst als völlig voraussetzungslos erscheinend, versuchte man nachträglich, als konsequente Weiterbildung satztechnischer Prinzipien der gesamten Musikentwicklung historisch zu fundieren. Josef Rufer verfolgte dieses Ziel in seinen Kursen. Freilich trifft die historische Fundierung der Dodekaphonie nur teilweise auf die Musikentwicklung zu. Die im rein Konstruktiven bestechende Konsequenz der Reihentechnik übte einen nicht geringen Einfluß auf diejenigen Komponisten aus, die, wie der Kreis um Leibowitz, zunächst um die musikalisch intellektuelle Verantwortung des Kunstwerks bemüht waren. Zweifellos liegt darin eine gewisse Gefahr; denn Musik ist mehr als perfektionierte Technik, und die praktischen Ergebnisse zeigen, daß in der Bewältigung der rein kompositionstechnischen Dinge allein, so wichtig sie für den Schaffensvorgang sind, platterdings nicht der eigentliche Wert der absoluten Musik liegt. Es scheint mir völlig sekundär zu sein, ob Schönberg, Berg, Webern u.a. wegen oder trotz der Dodekaphonie gute Musik gemacht haben, sondern es ist vielmehr von Bedeutung, daß sie gute Musik gemacht haben. Mit welchen Mitteln ist im Grunde unwichtig. Und hier liegt auch eine gewisse Gefahr in der freilich durch die zeitliche Kürze der Kurse bedingten Zuspitzung mancher Vorträge, die scheinbar die Anwendung der Kunstmittel als im Vordergrund stehend erscheinen ließen, doppelt gefährlich für noch nicht reife junge Menschen, denen nicht nur ihre Jugend, sondern auch die unbestreitbare geistesgeschichtliche Problematik unserer Zeit, von soziologischen, politischen und wirtschaftlichen Dingen ganz abgesehen, die Begriffe verwirrt. Es ist auch nicht nur purer Snobismus, den es immer gab, der hier das rein Musikalische nach dem platten Sensationswert beurteilt, und nicht nur die Dekadenz der im Stilwandel fragwürdig gewordenen Begriffe, sondern das ungesunde Klima des intellektualisierten Musikbetriebs, der zu solchen Verkrampfungen führt.

So erscheint es mir als weiteres ungesundes Zeichen, daß eine gewisse, von jeglicher kompositionstechnischen Vorbildung unbelastete Inferiorität das rein Rationalistische an der Dodekaphonie als »pars pro toto« nimmt und kreuzfidel nach rezeptmäßiger Anleitung Zwölftonmusik macht, ein Vorgang, gegen den Schönberg nicht ohne Grund mit aller Entschiedenheit protestiert hat. Ich glaube nicht, daß es pure jugendliche Arroganz ist, die man als Pubertätserscheinung leicht verzeiht, wenn das notwendige Handwerkszeug zur Behandlung eines solch differenzierten Konstruktionsprinzips, wie es die Reihenkomposition ist, so völlig mißachtet wird (wie es gelegentlich geschieht), sondern, daß es zum Teil in der schon erwähnten Zuspitzung der Vorträge liegt, die dann solche freilich ungewollten »Erfolge« zeitigen. Es erscheint mir notwendig, hier an Josef Rufer zu erinnern, der, auf Schönberg fußend, gerade vor solchen Kurzschlüssen eindringlich warnt.

Erfrischend, und in seiner Auswirkung nicht hoch genug zu werten, setzte sich Wolfgang Fortner mit dem ganzen

Gewicht seiner Persönlichkeit für eine über das rein Kompositionstechnische hinausgehende Verantwortung des Kunstwerkes im rein Musikalischen ein, die er in einer undoktrinären Logik der melodischen und klanglichen Formgebung sieht, die ihre Impulse sowohl vom vitalen Musikantentum als auch von der musikalischen Intelligenz erhält, die beide Fortners Persönlichkeit und Stil kennzeichnen. Das Positive an Fortners Kursus war unbestreitbar die Feststellung, daß über das rein Kompositionstechnische hinaus, so eindringlich seine geistige Beherrschung gefordert wurde, das Entscheidende im musikalischen Schaffensvorgang in der konsequenten Durchbildung des Persönlichkeitsstils beruht, der dann in dem Zusammenwirken auch gegensätzlicher Richtungen das Kriterium des von unserer Zeit sowieso nicht restlos zu wertenden neuen Zeitstils ergibt.

So wurde auch in dieser Beziehung die Bekanntschaft gerade der ausländischen Gäste mit dem Werke Fortners von bedeutendem Wert. Dr. Strobel, der mit einem für die gegenwärtigen Begriffe unschätzbaren Reichtum von Bandaufnahmen neben neuer Musik aller Länder auch die führenden deutschen Komponisten zu Gehör brachte, war es zu danken, daß Fortners wichtige *Sinfonie* zu hören war. So bot sich allen Teilnehmern, vor allem den Ausländern, mit denen manche über das Konventionelle hinausgehende Freundschaft geschlossen wurde, eine Fülle von Anregungen, und darin liegt jenseits von dem relativen praktischen Wert der Kurse, die sich in ihrer zeitlichen Beschränkung auf das Grundsätzliche konzentrieren mußten, die Bedeutung der Ferienkurse.

38 Erschienen in: *Darmstädter Echo*, 26. August 1950. Wiederabgedruckt in: Ebbeke, *Zimmermann. Dokumente*, S. 35 f. Zimmermann arbeitete diesen Aufsatz um zu »Material und Geist«, in: *Melos* 18 (1951), S. 57, wiederabgedruckt in: Konold (Hg.), *Zimmermann. Dokumente und Interpretationen*, S. 29-31.

Entscheidung im Material[38]
Die Situation des jungen Komponisten

Die Zeit des Schweigens einer jungen Generation ist vorbei. Diejenigen, die in einer nur der Jugend möglichen Schnelligkeit und Konsequenz das Erbe der nun schon historisch gewordenen Musik in ihren Arbeiten zu Grabe getragen haben, wofür die sogenannte »Hindemithläuferei« ein notwendiger und gar nicht so unfruchtbarer Entwicklungsprozeß war, als der er oft dargestellt wurde, stehen jenseits aller stilistischen Ereiferungen und haben sehr bald erkannt, daß der Streit um Techniken und Mittel sekundär gegenüber der Notwendigkeit der geistigen Durchdringung des Kunstwerks und seiner Verantwortung im reinen Schaffensprozeß ist. Die gestrig heißen Köpfe um »l'art pour l'art« und sogenannte »soziologisch« orientierte Musik sind ihr zwar zu sehr in Erinnerung, um sie belächeln zu können, aber sie weiß zu genau Bescheid über den Ernst des Kunstwerks, um dieser, an der Größe der Aufgabe gemessen, eher formalistisch wirkenden Diskussion Zeit und Kraft zu widmen.

Eine Generation, die in einer nur in unserem Zeitalter möglichen Gleichzeitigkeit die verschiedensten stilistischen Strömungen in den verschiedensten Entwicklungsstadien im erbarmungslos scharfen Schnittpunkt kritisch erlebt, stößt sehr bald, zwangsläufig, zu entscheidenden geistigen Basen ihrer Aussage vor, und von diesem allem anderen übergeordneten Prinzip der Aussage ordnet und bestimmt sie die Mittel, die ihr dienlich erscheinen. Das ist ein »Auswahlvorgang«, der nicht nur notwendig, sondern auch richtungweisend ist. Daß die Jugend ihre Entscheidung getroffen hat, ist Tatsache; daß sie es in geistiger Freiheit tun konnte, ist Gnade oder Schicksal oder wie man es sonst nennen kann. Man hat der Jugend oft den Vorwurf der Traditionslosigkeit gemacht. Unserer Jugend konnte man eher den Vorwurf der Traditionsehrfurcht, um nicht zu sagen der Traditionshörigkeit machen; denn wohl selten hat eine Jugend mit größerer Gewissenhaftigkeit die Riesenlast einer fast sanktionierten Tradition auf sich genommen und in dem Moment, wo sie ihre eigene geistige Existenz bedrohte, mit größerer Gewissenhaftigkeit und Verantwortung ins Museum, mit allem Respekt sogar, transportiert als die heutige.

Es ist eine der oft beobachteten Donauversickerungen des Geistes, daß nach einer eine Generation währenden Inkubationszeit, scheinbar plötzlich, eine Persönlichkeit wie Arnold Schönberg in ihrer beispiellosen künstlerischen Unbedingtheit und gleichzeitig, wie es dem kritischen Betrachter offenbar wird, auch sternenhaften Bedingtheit zum geistigen Vater einer ganzen Epoche wird. Es ist das Bezeichnende an diesem Phänomen, daß es nicht in erster Linie die Zwölftontechnik an sich ist, die die Jugend veranlaßt, Schönberg an eine derartig exponierte Stelle zu setzen, sondern das ihr innewohnende und von ihm völlig organisch entwickelte musikalische Ordnungsprinzip, das so zum Ausgangspunkt und geometrischen Ort einer Generation wird, zum Koordinatenkreuz vielfältiger Entwicklungskurven. Das weiterhin Charakterisierende der weitergeführten Entwicklung in den Händen der jungen Generation ist die Fortbildung der durch Schönberg überlieferten Technik; Modifizierungen der Reihenbildung, wie sie vor allem durch Krenek, Hauer und Heiß entwickelt wurden, geben Anstoß und Anregung zur weiteren Entwicklung des Tonmaterials, und es ist das Kennzeichnende, daß die Frage des Tonmaterials, und damit die geistige Ökonomie der kompositorischen Konzeption, gewissermaßen vorverlegt wird. Die Inspiration liegt schon in der Bereitstellung des Materials, das, in der Fixierung durch die Reihe aus seiner unendlichen Vielfalt in die geistige Disposition des Kunstwerks erhoben, das engere Arbeitsmaterial der Komposition abgibt, die damit Komposition im eigentlichsten Sinne ist: Zusammenfügung zur klanglichen Ordnung.

Daraus resultiert eine völlig eigengeartete Genesis des Klanglichen, und die oft vergessene Definition, daß Musik ein klangliches Phänomen ist, erhält dadurch eine neue Bestätigung. Wenn hier mit Betonung festgestellt wird, daß gerade die junge Generation ein besonderes Verhältnis zum Klanglichen hat, so ist das keineswegs zu verwechseln mit vertikal harmonischer Beziehung. Klang ist das allem elementar Melodischen, Harmonischen und Rhythmischen übergeordnete Prinzip, jenes Prinzip, welches das rein Akustische vom Emotionalen ins Transzendentale erhebt.

Damit sind der Ernst der Arbeit und die Auseinandersetzung mit den Grundlagen des kompositorischen Schaffens deutlich dokumentiert. Diese Auseinandersetzung mit den geistigen und materialen Grundlagen bedingt eine besonders kritische Prüfung dieser Imponderabilien, und das Vorstoßen zu den Elementen der akustischen Möglichkeiten bedingt wiederum eine besondere Beschäftigung mit ihren materialen Besonderheiten. Es ist ganz offensichtlich, daß der kompositorische Ausdruckswille nicht nur der jetzigen Generation an die Grenzen der mit den gebräuchlichen tonerzeugenden

Mitteln möglichen Ergebnisse geht, sie oft sogar übersteigt. Andererseits ist durch die Ausbeutung der klanglichen Gegebenheiten, wie sie bisher bestanden und noch bestehen, ihr Ausdrucksbereich so abgenutzt, daß es, scharf gesehen, in der jetzigen Form wenig aussichtsreich erscheint, neue Seiten abzugewinnen. Die vielfachen Versuche zur Differenzierung und Erweiterung des Klangapparates, von Debussy angefangen über Strauss, Strawinsky, Honegger und Orff bis zu Messiaen beispielsweise, beweisen diese Feststellung, und die Tatsache der überaus schnellen Abnutzung des im engeren Sinne Klanglichen ist nicht nur auf die durch unsere Schnelllebigkeit bedingte Abstumpfung und Vergröberung zurückzuführen, sondern erfährt ihre Begründung in dem noch verbleibenden geringen Umfang unseres mit den gebräuchlichen Mitteln zu durchmessenden Klangraumes.

Die Ablösung der über Jahrhunderte dauernden Vokalpolyphonie ist nicht zuletzt durch die Vervollkommnung der rein instrumentalen Mittel bedingt, die eine immer stärkere Zuwendung zur Instrumentalkomposition zur Folge hatte, die dann in einer durch viele Umstände begünstigten Entwicklung die großen Orchester des 19. Jahrhunderts mit ihrer Konzerttradition schuf. Daran hat auch die Entwicklung des Rundfunks und auf einer anderen Ebene des Films nichts Entscheidendes bisher zu ändern vermocht. Die Vervollkommnung der elektrischen Tonerzeugung eröffnet nun hinsichtlich ihrer rein akustischen Möglichkeiten völlig neue und bei weitem größere Aspekte der musikalischen Auswertung. Das bedingt natürlich eine fundamentale Umstellung der instrumentalen Syntax und damit auch der Handhabung des Instrumentariums. Orchester, Dirigent und Konzertsaal fallen fort, und an die Stelle des Instrumentationsunterrichtes an unseren musikalischen Bildungsinstituten tritt die elektroakustische Ausbildung.

Diese Entwicklung ist zunächst noch hypothetisch, da es einfach an der erforderlichen mengenmäßigen Bereitstellung der elektroakustischen Mittel fehlt. Tatsache bleibt jedoch die Existenz dieser Mittel, und aller Voraussicht nach werden sich die Komponisten sehr bald den zunächst heterogen erscheinenden Klangraum erobern. All diese Dinge setzen natürlich ein völlig intaktes Wirtschaftsleben voraus, und solange dem jungen Komponisten leider gar nicht so selten die einfachsten Mittel zur Bestreitung seines Lebensunterhaltes fehlen, solange bleibt die elektroakustische Perfektionierung eine Illusion. Es ist klar, daß in dieser Hinsicht der einschlägigen Industrie noch bisher völlig unausgeschöpfte Möglichkeiten der Vorwärts- und Weiterentwicklung bleiben, die über das rein Subsidienhafte weit hinausgehen und eine völlig andersgeartete wirtschaftliche Fundierung des Musiklebens zur Folge haben, die sowohl privater wie staatlicher Initiative ein weites Betätigungsfeld eröffnen.

Inventar der Musikalien im Bernd-Alois-Zimmermann-Archiv
Nach Vorarbeiten von Klaus Ebbeke zusammengestellt von Heribert Henrich

1. OPERN

Die Troerinnen (um 1950) Vermutlich Opernprojekt
(Franz Werfel nach Euripides)

– Text: Ts. m. autogr. Eintr., 39 fol. [8]

Les rondeaux (1955-1957) Opernprojekt
(Alphons Silbermann nach Ben Jonson, Mitarbeit: Erich Bormann)

– Handlungsexposé: Ts. u. Ts.-Dg., jew. 8 fol. [1.2-3]
– Handlungsexposé: Ts., 5 fol. [1.7]
– Handlungsexposé: Ts.-Dg. m. autogr. Eintr., 2 fol. [1.8]
– Textentwurf: Ts.-Dg. m. autogr. Eintr. u. m. Eintr. v. Erich Bormann, 87 fol. [1.1]
– Text f. »1. Station«: Ts. m. autogr. Eintr. u. Ts.-Dg., jew. 4 fol. [1.4-5]
– Text: Ts.-Dg., 53 fol. [1.6]

Die Soldaten. Oper in vier Akten (1957-1965)
(Jakob Michael Reinhold Lenz)

– Textentwurf v. Erich Bormann: Ts. m. autogr. Eintr. u. Ts.-Dg. m. autogr. Eintr., jew. 24 fol. [3.1-2]
– Text bis III. Akt, 3. Szene: Hektogr., 42 fol. [3.3]
– Text: Dr. m. autogr. Eintr., 70 p. geb. [2.1]
– Text: Dr. m. autogr. Eintr., 70 p. geb. [2.2]
– Text: Dr., 52 p. geb. [2.3]
– Reihenskizzen, u.a. »176 symmetrische Allintervallreihen« (siehe dazu auch Skizzen, Signatur 11.3) u. »Symmetrische All-Intervall-12 TonReihe«; Reihentabellen, auch rhythmische u. dynamische Reihen; Zeitproportionen: Autogr., z.T. auf Millimeterpapier, 8 fol. [51.1]
– Partiturskizzen u. Reihenmatrizen, Reihentabellen, Zeitproportionen f. »Preludio«: Autogr., z.T. auf Millimeterpapier, 4 fol. [51.2]
– Particellentwurf f. I. Akt, 2.-3. Szene u. Reihentabelle, u.a. f. I. Akt, 3.-4. Szene: Autogr., 4 fol. [51.3]
– Partiturentwurf f. I. Akt, 4.-5. Szene: Autogr., 1 fol. [51.4]
– Reihentabellen f. I. Akt, 5. Szene, III. Akt, 1. u. 4. Szene; Particellentwurf f. I. Akt, 5. Szene: Autogr., 2 fol. [51.5]
– Particellentwurf f. II. Akt, 1. Szene: Autogr., 5 fol. [51.6]
– Reihentabelle u. Bühnenbildskizze f. II. Akt, 1. Szene: Autogr., 1 fol. [51.7]
– Particellentwurf u. Reihentabelle f. II. Akt, 1.-2. Szene: Autogr., 3 fol. [51.8]
– Particellentwurf f. III. Akt, 1. Szene: Autogr., 1 fol. [51.9]

- Particellentwurf u. Reihentabelle f. III. Akt, 2. Szene: Autogr., 1 fol. [51.10]
- Particellentwürfe f. III. Akt, 3. Szene, I. Akt, 3. Szene u. II. Akt, 1. Szene; rhythmische Elemente u. dynamische Proportionen f. III. Akt, 3. Szene; Reihentabellen f. III. Akt, 2.-3. Szene: Autogr., 5 fol. [51.11]
- Partiturentwurf u. rhythmische Reihen f. »Romanza«: Autogr., 2 fol. [51.12]
- Particellentwürfe u. Reihentabellen f. III. Akt, 4. Szene; Reihentabellen f. »Preludio«: Autogr., 6 fol. [51.13]
- Dynamische Proportionen u. Zeitproportionen f. III. Akt, 4. Szene: Autogr. auf Millimeterpapier, 4 fol. [51.14]
enth. auch: fol. 1ᵛ Besetzungsskizze f. *Antiphonen*
- Reihentabellen f. III. Akt, 4.-5. Szene; Zeitproportionen f. III. Akt, 5. Szene: Autogr., z.T. auf Millimeterpapier, 2 fol. [51.15]
- Zeitproportionen f. IV. Akt, 1. Szene: Autogr. auf Millimeterpapier, 7 fol. [51.16]
- Reihentabelle f. IV. Akt, 2. Szene: Autogr., 1 fol. [51.17]
- Skizze f. die Elektroakustik im IV. Akt, 3. Szene, siehe *Monologe* [Slg. Doris Gielen 11]
- Particell f. I. Akt, »Introduzione« u. 1. Szene: Autogr., 4 fol. [65]
- Titelei d. Partitur: Autogr., 4 fol., davon fol. 1 u. fol. 4 in Fotok. [Slg. Schott 1.1]
- Partitur f. »Preludio«: Autogr., 17 fol., davon fol. 2-3 in Fotok. [Slg. Schott 1.2]
- Partitur f. I. Akt, »Introduzione«: Autogr., 1 fol. [Slg. Schott 2]
- Partitur f. I. Akt, 1. Szene: Autogr., 16 fol. [Slg. Schott 3]
- Partitur f. I. Akt, 2. Szene: Autogr., 4 fol. [Slg. Schott 4]
- Partitur f. »Tratto I«: Autogr., 2 fol. [Slg. Schott 5]
- Partitur f. I. Akt, 3. Szene: Autogr., 16 fol. [Slg. Schott 6]
- Partitur f. I. Akt, 4. Szene: Autogr., 10 fol. [Slg. Schott 7]
- Partitur f. I. Akt, 5. Szene: Autogr., 18 fol. [Slg. Schott 8]
- Deckblatt f. II. Akt: Autogr., 2 fol. [Slg. Schott 9.1]
- Partitur f. II. Akt, »Introduzione«: Autogr., 1 fol. [Slg. Schott 9.2]
- Partitur f. II. Akt, 1. Szene: Autogr., 32 fol. [Slg. Schott 10]
- Partitur f. II. Akt, »Intermezzo: Autogr., 4 fol. [Slg. Schott 11]
- Partitur f. II. Akt, 2. Szene: Autogr., 22 fol. [Slg. Schott 12]
- Deckblatt f. III. Akt: Autogr., 2 fol. [Slg. Schott 13.1]
- Partitur f. III. Akt, »Preludio«: Autogr., 2 fol. [13.2]
- Partitur f. III. Akt, 1. Szene: Autogr., 4 fol. [Slg. Schott 14]
- Partitur f. III. Akt, 2. Szene: Autogr., 4 fol. [Slg. Schott 15]
- Partitur f. III. Akt, 3. Szene: Autogr., 6 fol. [Slg. Schott 16]
- Partitur f. »Romanza«: Autogr., 3 fol. [Slg. Schott 17]
- Partitur f. III. Akt, 4. Szene: Autogr., 12 fol. [Slg. Schott 18]
- Partitur f. III. Akt, 5. Szene: Autogr., 9 fol. [Slg. Schott 19]
- Deckblatt m. Vorbemerkung f. IV. Akt: Autogr., 2 fol. [Slg. Schott 20.1]
- Partitur f. IV. Akt, »Preludio«: Autogr., 2 fol. [Slg. Schott 20.2]
- Partitur f. IV. Akt, 1. Szene: Autogr., 10 fol. [Slg. Schott 21]
- Partitur f. IV. Akt, 2. Szene: Autogr., 3 fol. [Slg. Schott 22]
- Partitur f. IV. Akt, 3. Szene: Autogr., 7 fol. [Slg. Schott 23]
- Particell f. I. Akt, »Introduzione« u. 1. Szene: 3 Fotogr. d. Autogr. m. autogr. Eintr., 4 fol. u. 2 x 8 fol. [148.3-5]
- Partitur f. I. Akt: Fotogr. d. Autogr. m. autogr. Eintr.: 131 fol. [67]
- Partitur f. »Tratto I«: Lichtdr. d. Autogr., p. 75-77 geh. [147.2]

- Bühnenbildzeichnung u. -beschreibung f. II. Akt, 1. Szene: Fotogr. d. Autogr. m. autogr. Eintr., 3 fol. [Slg. Doris Gielen 13]
- Partitur f. II. Akt, 1. Szene (unvollst.): Fotogr. d. Autogr., 48 p. geb. [109.1]
- Partitur f. II. Akt, 1. Szene: Fotogr. d. Autogr. m. autogr. Eintr., 63 fol. [Slg. Doris Gielen 15]
- Partitur f. II. Akt, 2. Szene: Fotogr. d. Autogr. m. autogr. Eintr., 44 fol. [Slg. Doris Gielen 16]
- Partitur f. III. Akt, »Preludio«: Lichtdr. d. Autogr., p. 308-311 [Slg. Doris Gielen 14]
- Partitur f. III. Akt, 1. Szene: Fotogr. d. Autogr. m. autogr. Eintr., 8 fol. [Slg. Doris Gielen 17]
- Partitur f. III. Akt, 2. Szene: Fotogr. d. Autogr., 7 fol. [Slg. Doris Gielen 18]
- Partitur f. III. Akt, 3. Szene: Fotogr. d. Autogr. m. autogr. Eintr., 12 fol. [Slg. Doris Gielen 19]
- Partitur f. III. Akt, »Preludio« u. III. Akt, 1.-3. Szene: Lichtdr. (z.T. d. Autogr.), p. 308-353 geh. [146]
- Partitur f. »Romanza«: Lichtdr. d. Autogr., 6 fol. [148.2]
- Partitur f. III. Akt, 4. Szene: Fotogr. d. Autogr. m. autogr. Eintr. u. m. Eintr. v. Sabine Zimmermann, 24 fol. [148.7]
- Partitur f. III. Akt, 4. Szene: Lichtdr. d. Autogr. m. autogr. Eintr., 19 fol. [66.1]
- Partitur f. III. Akt, 5. Szene: Fotogr. d. Autogr., 18 fol. [148.6]
- Partitur f. III. Akt, 5. Szene: Lichtdr. d. Autogr. m. autogr. Eintr., 13 fol. [66.2]
- Partitur f. IV. Akt, »Preludio«: Lichtdr. d. Autogr., 2 fol. [148.1]
- Partitur f. IV. Akt, 1. Szene: Fotogr. d. Autogr., 19 fol. [109.2]
- Partitur f. IV. Akt, 1. Szene: Lichtdr. d. Autogr., p. 1-24 geh. [147.1]
- Partitur f. »Tratto II«: Lichtdr. d. Autogr., 1 fol. [147.3]
- Partitur f. I. Akt: 2 Lichtdr., jew. 130 p. geb. [107-108]
- Partitur f. II.-IV. Akt, ohne »Tratto II«: Lichtdr. (z.T. d. Autogr.), p. 173-442 geb. [152]
- Partitur, m. »Tratto II« als Anhang: Lichtdr. (z.T. d. Autogr.), 442 p. m. Anhang geb. [151]
- Partitur, m. »Tratto II« als Einlage zwischen p. 424 u. p. 425: Lichtdr. (z.T. d. Autogr.) m. autogr. Eintr. u. m. Eintr. v. fr. Hd., 442 p. m. Einlage geb. [153]
- Klavierauszug v. Markus Lehmann / Georg Kröll f. II. Akt, 1.-2. Szene u. III. Akt, 1.-3. Szene: Lichtdr. m. autogr. Eintr. u. m. Eintr. v. fr. Hd., p. 101-256 [68]
- Klavierauszug v. Markus Lehmann / Georg Kröll ohne »Preludio: Lichtdr. m. autogr. Eintr., 338 + 40 + 17 + 21 p. geb. [114]
- Titelblatt d. Klavierauszugs v. Markus Lehmann / Georg Kröll: Dr., 1 fol. [115]
- Klavierauszug v. Markus Lehmann / Georg Kröll: Dr., 541 p. geb. [113]
- Aufzeichnungen zu Drucklegung und Uraufführung (Orchesterbesetzung, Schlagzeugaufstellung, Personenliste, Liste der nicht singenden Darsteller, Lokale Disposition der Lautsprechergruppen, Liste der Bandkomplexe): Ts.-Dg., z.T. m. autogr. Eintr., 9 fol. [149.1-7]

Medea (um 1966-1970) Opernprojekt
(Hans Henny Jahnn)

- Materialsammlung (Henning Rischbieter, »Versuch mit Jahnn. ›Medea‹ in Wiesbaden«; Hans Henny Jahnn, »Abstrakte und pathetische Musik«; Hans Henny Jahnn, »Ein Brief« an Peter Huchel): Fotok. m. autogr. Eintr., 2 fol.; 2 Ts.-Dg. m. autogr. Eintr., 4 fol. u. 2 fol. [4.2-4]
- Text: Ts. m. autogr. Eintr. u. Umschlag m. autogr. Titel, 71 fol. [4.1]
- Zeitproportionen f. »Liebes-Szene«: Autogr., 1 fol. [13.1]
- Drehbuch f. »Liebes-Szene«: Ts. m. autogr. Eintr., 2 fol. [13.2]
- Zeichnungen f. »Liebes-Szene«: Filzstift auf Transparent, 10 fol. [13.3]

2. BALLETTE

Alagoana. Caprichos Brasileiros (1950-1955)
Identisch mit dem Orchesterwerk (bis auf den Schluß der »Ouvertüre«), siehe dort.

Kontraste. Musik zu einem imaginären Ballett (1953)
Identisch mit dem Orchesterwerk, siehe dort.

Perspektiven. Musik zu einem imaginären Ballett (1955-1956)
Identisch mit dem Kammermusikwerk, siehe dort.

Présence. Ballet blanc en cinq scènes (1961)
Identisch mit dem Kammermusikwerk, siehe dort.

Giostra Genovese. Alte Tänze verschiedener Meister (1962)
Identisch mit dem Orchesterwerk, siehe dort.

Musique pour les soupers du Roi Ubu. Ballet noir en sept parties et une entrée (1962-1967)
Identisch mit dem Orchesterwerk, siehe dort.

Concerto pour violoncelle et orchestre en forme de »pas de trois« (1965-1966)
Identisch mit dem Werk für Soloinstrument und Orchester, siehe dort.

3. ORCHESTERWERKE

Sinfonia prosodica (1945) Orch
1. Sehr ruhig und getragen – Allegro moderato, 2. Scherzo. Allegro ma non troppo – Intermezzo,
3. Finale. Molto vivace

- Particellentwürfe: Autogr., 3 fol. [49.1]
  enth. auch: fol. 3^r Skizze f. *Extemporale*, Nr. 2
- Partitur: Autogr., 54 fol. [49.2]
- Partitur f. 1. Satz, auch u.d.T. »Symphonisches Vorspiel«: Abschr. v. fr. Hd. m. autogr. Eintr., 23 fol. geb. [49.3]
- Partitur f. 2.-3. Satz, u.d.T. »Drei Stücke für Orchester«: Abschr. v. fr. Hd. m. autogr. Eintr., 27 fol. geb. [49.4]
- Streicherstimmen: Abschr. v. fr. Hd. auf Transparent, 69 fol. [49.5]

Konzert für Orchester (1946 / 1948)
1. Fassung (1946): 1. Introduktion, 2. Aria concertante, 3. Fugato, 4. Caccia, 5. Finale
2. Fassung (1948): 1. Introduktion, 2. Fugato, 3. Caccia, 4. Finale

- Partitur (1. Fassung): Autogr., 36 fol. geb. [69.1]
- Streicherstimmen (1. Fassung): Abschr. v. fr. Hd. auf Transparent, 38 fol. [69.2]
- Streicherstimmen (1. Fassung, unvollst.): Abschr. v. fr. Hd. auf Transparent, 32 fol. [69.3]
- Partitur (2. Fassung): Autogr., 32 fol. geb. [69.4]

Konzert für Streichorchester (1948)
Bearbeitung des *Trio für Violine, Viola und Violoncello*
1. Introduktion, 2. Aria, 3. Finale

- Partitur: Autogr., 8 fol. m. beigelegtem Pappeinband [75.1]
- Partitur: Lichtdr., 12 p. geb. [75.2]

Alagoana. Caprichos Brasileiros (1950-1955) Orch
1. Ouvertüre, 2. Sertanejo, 3. Saudade, 4. Caboclo, 5. Finale

- Skizze f. Nr. 5: Autogr., 1 fol. [56]
- Partitur f. Nr. 1: Autogr., 24 fol. [37]
- Partitur f. Nr. 2: Autogr., 10 fol. [Slg. Schott 28]
- Partitur f. Nr. 3: Autogr., 8 fol. [Slg. Schott 27]
- Partitur f. Nr. 4: Autogr., 16 fol. [Slg. Schott 26]
- Partitur f. Nr. 5: Autogr., 9 fol. [Slg. Schott 25]
- Klavierauszug f. Nr. 1: fr. Hs. (vermutlich Manfred Niehaus), 13 fol. [Slg. Schott 24.1]
- Klavierauszug f. Nr. 3-5: Autogr., 10 fol. [Slg. Schott 24.2]
- Partitur f. Nr. 1: Lichtdr. m. autogr. Eintr. u. m. Eintr. v. fr. Hd., 47 p. geb. [86]
- Partitur: Lichtdr. m. autogr. Eintr. u. m. Eintr. v. fr. Hd., 145 p. geb. [85]
- Klavierauszug: Dr., 41 p. [87]

Sinfonie in einem Satz (1951 / 1953) Großes Orch
1. Fassung (1951)
2. Fassung (1953)

- Partitur (1. Fassung): Autogr., 43 fol. [40]
- Formskizze (2. Fassung): Autogr., 1 fol. [12]
- Partitur (2. Fassung): Autogr., 33 fol. [Slg. Günter Wand 1]
- Partitur (2. Fassung): Lichtdr., 73 p. geb. [82]

Suite aus »Das Gelb und das Grün« (1952) Kleines Orch
Identisch mit der Orchesterfassung der Bühnenmusik *Das Gelb und das Grün* (ohne Vorspann und Coda), siehe dort.

Kontraste. Musik zu einem imaginären Ballett (1953) Kleines Orch
(Fred Schneckenburger)
Bearbeitung der Orchesterfassung der Bühnenmusik *Das Gelb und das Grün*
1. Introduktion, 2. Moreske, 3. Tempo di Valse, 4. Phantasmagorie, 5. Tempo di marcia, 6. Epilog

- Partitur: Autogr., 20 fol. [Slg. Schott 31]
- Klavierauszug: Autogr., 4 fol. [Slg. Schott 32]
- Partitur: 2 Lichtdr. m. Eintr. v. fr. Hd., jew. 37 p. geb. [88.1-2]

Impromptu (1958) Orch

- Skizze f. rhythmische Reihe siehe *Canto di speranza* [17]
- Partiturentwurf: Autogr., 9 fol. [61]
- Partitur: Autogr., 12 fol. geb. [106]
- Partitur: 2 Lichtdr. einer Abschr. v. fr. Hd., jew. 20 p. [105.1-2]

Giostra Genovese. Alte Tänze verschiedener Meister (1962) Kleines Orch
(Mitarbeit: Manfred Niehaus)
1. Introduzione (nach Tilman Susato), 2. Pavana I (nach Orlando Gibbons), 3. Moresca (nach William Byrd), 4. Pavana II (nach Orlando Gibbons), 5. Finale (nach Johann Caspar Ferdinand Fischer)

- Partitur: Autogr. u. Hs. v. Manfred Niehaus, 14 fol. [47]
- Partitur: Fotogr. d. Autogr. m. Eintr. v. fr. Hd., 18 fol. geb. [126.1]
- Partitur f. Nr. 2: Fotogr. d. Autogr. (Negativ-Abzug), 2 fol. [126.2]

Musique pour les soupers du Roi Ubu. Ballet noir en sept parties et une entrée (1962-1967) Kleines Orch, Conférencier
0. Entrée de l'Académie, 1. Ubu Roi, Capitaine Bordure et ses partisans, 2. Mère Ubu et ses Gardes, 3. Pile, Cotice et l'ours, 4. Le Cheval à Phynances et les larbins de Phynances, 5. Pavane de Pissembock et Pissedoux, 6. Berceuse des petits financiers qui ne peuvent pas s'endormir, 7. Marche du décervellage

- Partiturentwurf: Autogr., 8 fol. [42]
- Partitur: 3 Lichtdr. d. Autogr., jew. 43 p. geb. [136.1-3]
- Studienpartitur: Dr., 46 p. geb. [139]

Photoptosis. Prélude (1968) Großes Orch

- Partitur: Autogr., 28 fol. [Slg. Schott 54]
- Partitur (unvollst.): Lichtdr. d. Autogr. m. autogr. Eintr. u. m. Eintr. v. fr. Hd., 50 fol. [64]
- Partitur: Lichtdr. d. Autogr., 52 p. geb.[143]

Stille und Umkehr. Orchesterskizzen (1970)

- Partiturentwurf: Autogr., 2 fol. [53]
- Partitur: Autogr., 6 fol. [Slg. Schott 55]
- Partitur: Fotok. d. Autogr., 7 p. geb. [150]

4. WERKE FÜR SOLOINSTRUMENT(E) UND ORCHESTER

Konzert für Violine und großes Orchester (1950)
Bearbeitung der *Sonate für Violine und Klavier*
1. Sonata, 2. Fantasia, 3. Rondo

- Partitur: Autogr., 43 fol. [24]
- Klavierauszug (1. Satz u. 3. Satz identisch mit den entsprechenden Sätzen d. *Sonate für Violine und Klavier*): Autogr., 17 fol. [25]
- Partitur: Lichtdr. m. autogr. Eintr. u. m. Eintr. v. fr. Hd., 64 p. geb. [84]
- Klavierauszug m. Vl-Stimme: Dr., 35 p. geb. u. 12 p. Einlage [80]

Konzert für Oboe und kleines Orchester (1952)
1. Hommage à Strawinsky, 2. Rhapsodie, 3. Finale

- Partiturentwurf f. 1. Satz u. Skizze f. 3. Satz, »Cadenza«: Autogr., 1 fol. [57]
  enth. auch: fol. 1^v Entwurf f. *Exerzitien*, Nr. 2
- Partitur: Autogr., 29 fol. [Slg. Schott 33]

- Partitur: Lichtdr. d. Autogr. m. autogr. Eintr., 30 fol. geb. [90]
- Partitur: Lichtdr. d. Autogr. m. Eintr. v. fr. Hd., 58 p. geb. [91]
- Klavierauszug m. Ob-Stimme: Dr., 24 p. geb. u. 8 p. Einlage [92]

Konzert für Violoncello und kleines Orchester in einem Satz (1953)

- Partitur: Autogr., 37 fol. [Slg. Schott 34]
- Klavierauszug: Autogr. m. Eintr. v. fr. Hd., 10 fol. [Slg. Siegfried Palm 1]
- Partitur: Lichtdr. d. Autogr. m. autogr. Eintr. u. m. Eintr. v. Hans Rosbaud, 70 p. geb. [93]
- Klavierauszug: Fotogr. d. Autogr. m. autogr. Eintr. u. m. Eintr. v. fr. Hd., 10 fol. [Slg. Schott 35]
- Klavierauszug: Fotok. d. Autogr., 20 fol. [137]
- Klavierauszug m. Vc-Stimme: Lichtdr., 25 p. geb. u. 8 p. Einlage [94]

Konzert für Trompete in C und Orchester »Nobody knows the trouble I see« (1954)

- Partitur: Autogr., 32 fol. [Slg. Schott 39]
- Klavierauszug: Autogr., 8 fol. [Slg. Schott 38]
- Partitur: Lichtdr. m. autogr. Eintr. u. m. Eintr. v. fr. Hd., 89 p. geb. [98]
- Partitur: Lichtdr., 89 p. geb. [97]

Canto di speranza. Kantate für Violoncello und kleines Orchester (1957)
Bearbeitung des *Konzert für Violoncello und kleines Orchester in einem Satz*

- Skizzen »Rhythmische Reihe Cellokantate«: Autogr., 2 fol. [17]
  enth. auch: fol 2ʳ Besetzungsskizze zur Frühfassung v. *Omnia tempus habent* und rhythmische Reihe zu *Impromptu*; fol. 2ᵛ Strukturvergleich der Reihen v. Arnold Schönberg, *Bläserquintett op. 26*, Anton Webern, *Streichquartett op. 28* u. Bernd Alois Zimmermann, *Perspektiven*
- Partitur: Autogr., 32 fol. geb. [Slg. Schott 36]
- Partitur (früherer Zustand): Fotogr. d. Autogr., 64 fol. [Slg. Schott 37]
- Partitur (früherer Zustand): Fotogr. d. Autogr., 64 fol. [Slg. Doris Gielen 9]
- Partitur: Fotogr. d. Autogr., 65 fol. [104]
- Partitur: Lichtdr. m. autogr. Eintr., 62 p. geb. [95]
- Studienpartitur: Dr., 62 p. geb. [96]

Dialoge. Konzert für 2 Klaviere und großes Orchester (1960 / 1965)
1. Fassung (1960)
2. Fassung (1965)
Sieben Sätze

- Skizzen f. eine Frühfassung siehe *Requiem für einen jungen Dichter* [22.2]
- Reihentabelle: Autogr., 1 fol. [138.3]
- Zeitproportionen: Autogr. auf Millimeterpapier, 1 fol. [138.1]
- Zeitproportionen f. »Debussy ›Jeux‹ Versuchsreihe I L«: Autogr. auf Millimeterpapier, 1 fol. [138.2]
- Proportionentabelle: Autogr., 1 fol. [Slg. Doris Gielen 5]
- Partiturskizzen (1. Fassung): Autogr., 2 fol. [138.4]
- Partiturskizzen (1. Fassung): Autogr., 2 fol. [Slg. Doris Gielen 4]
- Particellentwurf f. 3. Satz (1. Fassung): Autogr., 3 fol. [Slg. Doris Gielen 3]
- Partitur (1. Fassung): Lichtdr. d. Autogr. m. autogr. Eintr., 23 fol. [100.4]

- Klavierstimme (1. Fassung): Lichtdr. m. autogr. Eintr. u. m. Eintr. v. fr. Hd., 31 p. geb. [Slg. Schott 46]
- Klavierstimme (1. Fassung): Lichtdr. m. autogr. Eintr., 31 p. geb. [119]
- Partitur der in der 2. Fassung abweichenden Teile: Autogr., 8 fol. [Slg. Schott 45]
- Pläne für die Orchesteraufstellung (2. Fassung): Autogr. auf Millimeterpapier, 5 fol. [21]
- Klavierstimme (2. Fassung): fr. Hs., 22 fol. [Slg. Schott 47]
- Partitur m. 2 Aufstellungsplänen (2. Fassung): Lichtdr. m. autogr. Eintr., 70 p. u. 2 fol. Einlage [100.1]
- Partitur (2. Fassung): Lichtdr. m. Eintr. v. fr. Hd., 70 p. geb. [100.2]
- Partitur (2. Fassung): Lichtdr., 70 p. geb. [100.3]
- Studienpartitur (2. Fassung): Dr., 70 p. geb. [121]
- Klavierstimme (2. Fassung): Lichtdr., 42 p. geb. [120]

Antiphonen (1961-1962) Vla, kleines Orch
Fünf Sätze

- Reihentabelle: Autogr., 1 fol. [19.1]
- Besetzungsskizze siehe *Die Soldaten* [51.14]
- Strukturskizze: Fotok. d. Autogr., 3 fol. [19.2]
- Partitur: Fotogr. d. Autogr. m. autogr. Eintr. u. m. Eintr. v. fr. Hd., 16 fol. [127.1]
- Partitur ohne 4. Satz: Lichtdr. m. autogr. Eintr. u. m. Eintr. v. fr. Hd., 35 fol. [127.2]
- Partitur ohne 5. Satz: Fotogr. d. Autogr. m. autogr. Eintr., 26 fol. [Slg. Doris Gielen 8]
- Partitur f. 5. Satz (unvollst.): Fotogr. d. Autogr., 3 fol. [Slg. Doris Gielen 10]
- Studienpartitur: Dr., 44 p. geb. [123]

Concerto pour violoncelle et orchestre en forme de »pas de trois« (1965-1966)
1. Introduzione (Dans la vallée des songes), 2. Allegro (La Fée, »Don Quichotte« et la Sentimentale), 3. Adagio (Les trois cygnes blancs), 4. Tempo di marcia (Les trois paladins), 5. Blues e Coda (La Fée, le violoncelle et la contrebasse)

- Choreographische Planung: Hs. v. Helga Held m. autogr. Eintr., 1 fol. [62.5]
- Reihentabellen u. Lagetabelle: Autogr., 2 fol. [62.4]
  enth. auch: fol. 1^v Notiz zu *Requiem für einen jungen Dichter*
- Particell: Autogr., 8 fol. [62.3]
- Partiturentwurf f. 2. Satz: Autogr., 3 fol. [62.1]
- Partiturentwurf f. 3. Satz: Autogr., 6 fol. [62.2]
- Klavierauszug: Fotok. d. Hs. v. Georg Kröll, 59 fol. [63]
- Klavierauszug m. Vc-Stimme: Dr. m. Eintr. v. fr. Hd., 85 p. geb. u. 17 p. Einlage [135]

5. KAMMERMUSIK

Kleine Suite für Geige und Klavier (1942)
1. Capriccioso, 2. Intermezzo, 3. Rondino

- Partitur: Autogr., 8 fol. [10.2]
- Vl-Stimme f. 2.-3. Satz: Autogr., 1 fol. [10.3]
- Partitur f. 3. Satz, 2. Satz u. 1. Satz sowie Vl-Stimme f. 2.-3. Satz: Fotok. d. Autogr., 17 fol. [10.1]

Trio für Violine, Viola und Violoncello (1943-1944)
1. Introduktion (Sostenuto molto), 2. Adagio, 3. Finale (Allegro molto, ma non troppo)
- Partitur u. Stimmen: Fotok. einer Abschr. v. fr. Hd., 20 fol. [73]

Sonate für Violine und Klavier (1950)
1. Sonata, 2. Fantasia, 3. Rondo
- Partitur f. 1. Satz u. 3. Satz siehe *Konzert für Violine und großes Orchester* [25]

Rheinische Kirmestänze (1950 / 1962) 13 Bläser
1. Tempo di valse commodo, 2. Allegretto, 3. Allegretto, 4. Allegro commodo, 5. Alla marcia
- Partitur: Fotogr. d. Autogr. m. autogr. Eintr. u. m. Eintr. v. fr. Hd., 12 fol. geb. [48]
- Partitur: Dr., 27 p. geb. [128]

Perspektiven. Musik zu einem imaginären Ballett (1955-1956) 2 Kl
Zwei Teile

- Skizzen: Autogr., 7 fol. [46.4]
- Skizze siehe *Sonate für Viola solo* [50.3]
- Strukturvergleich der Reihe m. denen v. Arnold Schönberg, *Bläserquintett op. 26* u. Anton Webern, *Streichquartett op. 28* siehe *Canto di speranza* [17]
- Partiturentwurf f. 2. Teil: Autogr., 4 fol. [46.2]
- Partitur: Autogr., 13 fol. [Slg. Schott 43]
- Partitur f. 1. Teil: Fotogr. d. Autogr. m. autogr. Eintr., 17 fol. [46.1]
- Partitur: Fotogr. d. Autogr. m. autogr. Eintr., 24 fol. [46.3]
  enth. auch: fol. 14^v-16^r Analytische Anmerkungen für Reinhold Schubert zu dessen Analyse der *Perspektiven* in: *die Reihe* IV, 1958, p. 103-112
- Partitur: Fotogr. d. Autogr. m. autogr. Eintr., 26 fol. [Slg. Schott 44]
- Partitur: Dr., 28 p. geb. [46.5]

Présence. Ballet blanc en cinq scènes (1961) Vl, Vc, Kl, stummer Darsteller
(Paul Pörtner)
1. Introduction et pas d'action (Don Quichotte), 2. Pas de deux (Don Quichotte et Ubu), 3. Solo (Pas d'Ubu), 4. Pas de deux (Molly Bloom et Don Quichotte), 5. Pas d'action et finale (Molly Bloom)

- Reihentabelle f. »Klavier-Trio«: Autogr., 1 fol. [20.1]
- Partiturentwürfe: Autogr., 3 fol. [20.2]
- Partitur: Lichtdr., 45 fol. [Slg. Doris Gielen 6]
- Titelei d. Druckausgabe: Fotok. eines Ts. m. Eintr. v. fr. Hd., 9 fol. [Slg. Schott 48]
- Partitur: Dr., 48 p. geb. [122]

Monologe (1964) 2 Kl
Bearbeitung der *Dialoge. Konzert für 2 Klaviere und großes Orchester*
Fünf Sätze

- Partitur: Autogr., 12 fol. [Slg. Schott 52]
- Partitur: Fotogr. d. Autogr. m. autogr. Eintr., 20 fol. [Slg. Doris Gielen 11]
  enth. auch: fol. 1^v Skizze für die Elektroakustik v. *Die Soldaten*, IV. Akt, 3. Szene
- Partitur: 2 Dr., jew. 45 p. [133.1-2]

Die Befristeten. Ode an Eleutheria in Form eines Totentanzes (1967) Jazz-Quintett

- Partitur: Autogr., 1 fol. [Slg. Doris Gielen 1]
- Partitur: 3 Fotogr. d. Autogr., jew. 2 fol. [134.1-3]

Intercomunicazione (1967) Vc, Kl

- Reihentabelle: Autogr., 1 fol. [15]
- Partitur: Lichtdr. d. Autogr. u. Fotogr. d. Autogr. m. Eintr. v. Siegfried Palm, 23 fol. u. 1 fol. autogr. Einlage [Slg. Siegfried Palm 5]
- Partitur: Lichtdr. d. Autogr. m. Eintr. v. fr. Hd., 24 fol. [Slg. Schott 53]
- Partitur (unvollst.): Lichtdr. d. Autogr. m. autogr. Eintr., 21 fol. [Slg. Doris Gielen 12]
- Partitur: Lichtdr. m. autogr. Eintr., 36 fol. [140]
- Partitur: Lichtdr., 36 p. geb. [141]
- Partitur: Dr., 40 p. geb. [142]

6. MUSIK FÜR EIN SOLOINSTRUMENT

Extemporale (1939-1946) Kl
1. Praeludium (Sarabande), 2. Invention, 3. Siciliano, 4. Bolero, 5. Finale. Ausgeschiedener Satz: Fugato-Finale

- Skizze f. Nr. 2 siehe *Sinfonia prosodica* [49.1]
- Partitur f. Nr. 1 u. Nr. 5: Autogr., 2 fol. [36.1]
- Partitur f. Nr. 3-4 u. »Fugato-Finale«, u.d.T. »Extemporale in 3 Stücken«: Autogr., 4 fol. [36.2]
- Partitur f. Nr. 3-4: Autogr., 3 fol. [36.3]
- Partitur f. Nr. 2, Nr. 1 u. Nr. 5, u.d.T. »Drei Stücke für Klavier«: Autogr., 4 fol. [36.4]
- Partitur f. Nr. 1-5: Abschr. v. fr. Hd. auf Transparent, 11 fol. [36.5]
- Partitur f. Nr. 3-4 u. »Fugato-Finale« m. Bemerkungen zur Aufführungsgeschichte v. Liselotte Neufeld: Fotogr. d. Autogr., 4 fol. u. 2 fol. hs. Beilage v. Liselotte Neufeld [Slg. Liselotte Neufeld 2]
- Partitur f. Nr. 2, Nr. 1 u. Nr. 5 m. Bemerkungen zur Aufführungsgeschichte v. Liselotte Neufeld: Fotogr. d. Autogr., 4 fol. u. 2 fol. hs. Beilage v. Liselotte Neufeld [Slg. Liselotte Neufeld 1]
- Partitur f. Nr. 1-5 (unvollst.): Lichtdr. d. Abschr. v. fr. Hd. m. autogr. Eintr., 10 fol. [36.6]
- Partitur f. Nr. 1-5 (unvollst.) m. Bemerkungen zur Aufführungsgeschichte v. Liselotte Neufeld: Lichtdr. d. Abschr. v. fr. Hd. m. autogr. Widmung, 10 fol. u. 2 fol. hs. Beilage v. Liselotte Neufeld [Slg. Liselotte Neufeld 3]
- Partitur f. Nr. 1 u. Nr. 4, in: Hans Haass (Hg.), *Musica Nova Manualis*, Köln 1950: Dr., 15 p. geb., hier p. 3-7 [72.2]
- Partitur: Dr., 16 p. geb. [72.1]

Capriccio. Improvisationen über Volksliedthemen (1946) Kl

- Partitur, u.d.T. »Vademecum«, m. Bemerkungen zur Entstehungsgeschichte v. Liselotte Neufeld: Lichtdr. einer Abschr. v. fr. Hd., 12 fol. u. 1 fol. hs. Beilage v. Liselotte Neufeld [Slg. Liselotte Neufeld 4]
- Partitur: 2 Dr., jew. 12 p. geb. [70.1-2]

Enchiridion (1949) Kl
1. Introduktion, 2. Ekloge, 3. Rondino, 4. Bourrée, 5. Meditation, 6. Aria, 7. Estampida, 8. Toccata. Ausgeschiedener Satz: Intermezzo

- Partitur f. Nr. 7, Nr. 4, Nr. 6, »Intermezzo«, Nr. 3, Nr. 5 u. Nr. 8: Autogr., 6 fol. [31.1]
- Partitur f. Nr. 1-8: Abschr. v. fr. Hd. auf Transparent, 14 fol. [31.3]
- Partitur f. Nr. 1, Nr. 4, Nr. 6, »Intermezzo«, Nr. 7, Nr. 5, Nr. 3 u. Nr. 8: Lichtdr. d. Abschr. v. fr. Hd., 13 fol. [31.2]
- Partitur f. Nr. 1-8: Lichtdr. d. Abschr. v. fr. Hd. m. autogr. Eintr. u. m. Eintr. v. fr. Hd., 7 fol. geb. [Slg. Schott 29]

Sonate für Violine solo (1951)
1. Präludium, 2. Rhapsodie, 3. Toccata

- Partitur: Autogr., 4 fol. [44]
- Partitur: Dr., 7 p. geb. [81]

Exerzitien (1952) Kl
Zweites Heft des »Enchiridion«
1. Vigil, 2. Hora, 3. Ostinato, 4. Matutin, 5. Imagination. Ausgeschiedene Sätze: L'après-midi d'un Puck, Hommage à Johann Strauß

- Entwurf f. Nr. 2 siehe *Konzert für Oboe und kleines Orchester* [57]
- Partitur: Autogr., 6 fol. [45.1]
- Partitur: Abschr. v. fr. Hd. auf Transparent, 9 fol. [45.2]
- Partitur: Lichtdr. d. Abschr. v. fr. Hd. m. autogr. Eintr., 6 fol. [45.3]
- Partitur: Fotogr. d. Abschr. v. fr. Hd. m. autogr. Eintr. u. m. Eintr. v. fr. Hd., 8 fol. [Slg. Schott 30]

Metamorphosen (1954) Kl
0. Exposition, 1.-9. Progression 1-9

- Partitur: Autogr., 6 fol. [43.2]
- Partitur (frühere Fassung) f. Nr. 0-2, Nr. 5, Nr. 4, Nr. 3 Nr. 6-7, Nr. 9 u. Nr. 8, m. Reihentabelle: Fotok. d. Autogr., 8 fol. [43.1]
- Partitur: Fotogr. d. Autogr. m. autogr. Eintr. u. m. Eintr. v. fr. Hd., 9 fol. [43.3]
- Partitur: Fotogr. d. Autogr. m. autogr. Eintr., 8 fol. [43.4]

Sonate für Viola solo (1955)

- Skizze: Autogr., 1 fol. [50.3]
  enth. auch: fol. 3^v Skizze f. *Perspektiven*
- Partiturentwurf: Autogr., 1 fol. [50.1]
- Partitur: Autogr. m. Eintr. v. fr. Hd., 3 fol. [Slg. Schott 42]
- Partitur: Fotogr. d. Autogr. m. autogr. Eintr. u. m. Eintr. v. fr. Hd., 6 fol. [50.2]

Konfigurationen (1956) Kl
Bearbeitung der *Metamorphosen*
Acht Sätze

- Partitur: Autogr. m. Eintr. v. fr. Hd., 6 fol. [Slg. Schott 40]

- Partitur: Fotogr. d. Autogr. m. autogr. Eintr., 10 fol. [99.1]
- Partitur: Lichtdr. m. autogr. Eintr. u. m. Eintr. v. fr. Hd., 8 p. geb. [Slg. Schott 41]
- Partitur: Dr., 11 p. geb. [99.2]

Sonate für Cello solo (1960)
1. Rappresentazione, 2. Fase, 3. Tropi, 4. Spazi, 5. Versetto

- Partitur-Entwurf f. 1. Satz u. 3. Satz: Autogr., 1 fol. [Slg. Siegfried Palm 2]
- Partitur: Autogr. m. Eintr. v. Siegfried Palm, 4 fol. [Slg. Siegfried Palm 3]
- Partitur f. 1.-3. Satz: Fotogr. d. Autogr. m. Eintr. v. Siegfried Palm, 5 fol. [Slg. Siegfried Palm 4]
- Partitur: Fotogr. d. Autogr. m. Eintr. v. fr. Hd., 4 fol. [Slg. Doris Gielen 7]
- Partitur: Dr. m. Eintr. v. fr. Hd., 8 p. geb. [116]
- Partitur: 2 Dr., jew. 8 p. geb. [117.1-2]

Tempus loquendi. Pezzi ellitici (1963 / 1965) Fl (Alt-Fl, Baß-Fl)

- Reihenskizzen und serielle Skizzen: Autogr., 2 fol. [18]
- Partitur: Autogr. m. Eintr. v. fr. Hd., 4 fol. [Slg. Schott 50]
- Spielanleitung: Autogr. m. Eintr. v. fr. Hd., 5 fol. [Slg. Schott 49]
- Partitur: Fotogr. d. Autogr., 4 fol. [129]
- Partitur: Dr. u. Lichtdr. m. autogr. Eintr. u. m. Eintr. v. fr. Hd., 12 fol. [Slg. Schott 51]
- Partitur: Lichtdr., 10 p. geb. [130]
- Spielanleitung: Lichtdr. d. Autogr., 7 p. geb. [131]
- Spielanleitung: Dr., 16 p. geb. [132]

Vier kurze Studien (1970) Vc
Vier Sätze

- Partitur: Autogr., 1 fol. u. 1 fol. hs. Beilage v. Siegfried Palm [Slg. Siegfried Palm 6]
- Partitur: Dr., 2 fol. [145]

7. VOKALMUSIK

Fünf Lieder (1942-1946) Ges, Kl
1. Es fiel ein Stern ins Meer (Harald Gloth), 2. An der Brücke stand jüngst ich (Friedrich Nietzsche), 3. Stimme eines Armen (Rainer Maria Rilke), 4. Initiale (Rainer Maria Rilke), 5. Schenke im Frühling (Li-Tei-Pe)

- Partitur: Abschr. v. fr. Hd. auf Transparent, 11 fol. [35.2]
- Partitur: Lichtdr. d. Abschr. v. fr. Hd., 11 fol. [35.1]
- Partitur: Lichtdr. d. Abschr. v. fr. Hd., 11 fol. [Slg. Liselotte Neufeld 5]

Drei geistliche Lieder (1946) Ges, Kl
(Ernst Bertram)
1. Altdeutsches Bild, 2. Altkölnischer Meister, 3. Abendglocke

- Partitur: Autogr., 3 fol. [34.1]
- Partitur: Autogr., 3 fol. [34.2]
- Partitur: Abschr. v. fr. Hd. auf Transparent, 6 fol. [34.3]

Tantum ergo (1947) Chor a capp.

- Partitur, in: Heinrich Lemacher/Hermann Schroeder (Hg.), *Tantum ergo. Acht Kompositionen alter und neuer Meister*, Düsseldorf 1947: 2 Dr., jew. 12 p., hier p. 11-12 [71.1-2]

Die Brünnlein, die da fließen. Volksliedkantate frei nach sechs deutschen Volksliedern (1947 / um 1952) Alt, BaßBar, Chor, Fl, 2 Ob, 2 Fg, Hr, Hf, 2 Vl, Vla, Vc
1. Fassung (1947): 1. Die Brünnlein, die da fließen, 2. Bei meines Buhlen Haupte, 3. Und in dem Schneegebirge, 4. Jetzt gang i ans Brünnele, 5. Dort nied'n in jenem Holze, 6. Wenn alle Brünnlein fließen, 7. Die Brünnlein, die da fließen
2. Fassung (1947): Ineinander übergehende Sätze
3. Fassung (um 1952): Fragment

- Partitur (1. Fassung): Autogr. m. Eintr. v. fr. Hd., 13 fol. geb. [30.1]
- Partitur (2. Fassung): Autogr. m. Eintr. v. fr. Hd., 22 fol. geb. [30.2]
- Partiturfragment (3. Fassung): Autogr., 2 fol. [30.3]

Schein uns, du liebe Sonne. Volksliedkantate (um 1947) Alt oder Bar, Fl, Ob, Hr, (Klar [B]), 2 Vl, Vla, Vc

- Partitur: Autogr., 3 fol. [33.1]
- Stimmen: Abschr. v. fr. Hd., 9 fol. [33.2]

Totalität (1948) Mchor a capp.
(Johann Wolfgang von Goethe)

- Partitur: Autogr., 1 fol. [29]

Lob der Torheit. Burleske Kantate (1948/1959)
(Johann Wolfgang von Goethe)
1. Fassung (1948): Sopr, Ten, Baß, Chor, großes Orch – 0. Vorspiel, 1. Kophtisches Lied, 2. Pastorale giocoso, 3. Pastorale serioso, 4. Totalität, 5. Epilog des Narren
2. Fassung (1959, Mitarbeit: Manfred Niehaus und Markus Lehmann): Sopr, Ten, Baß, Chor, 2 Kl (Cel), Fl (Picc), Klar (Baßklar), Vl, Vla, Vc, Hf, Schl, Pk – 1. Kophtisches Lied, 2. Pastorale giocoso, 3. Pastorale serioso, 4. Totalität, 5. Der Narr epilogiert

- Partitur (1. Fassung): Lichtdr. m. Eintr. v. fr. Hd., 93 p. geb. [79]
- Partitur (2. Fassung): Lichtdr. m. Eintr. v. fr. Hd., 91 p. geb. [74.1]
- Titelei d. Partitur (2. Fassung): Ts.-Dg., 1 fol. [74.2]

Werbe-Song für die »Neue Illustrierte« (um 1950) Ges, Kl
(W. Wehmeyer)
Komponiert unter dem Pseudonym »Béla Bacszy«

- Partiturentwurf: Autogr., 1 fol. [59]

Die Ballade von den Galgenbrüdern (um 1950) Ges, Orch

- Partiturentwürfe: Autogr., 3 fol. [55]

Omnia tempus habent. Solokantate (1957) Sopr, 17 Instr.
(Liber Ecclesiastes III, 1-11)

- Reihenskizzen, auch Metrenreihen: Autogr., 1 fol. [60.1]
- Besetzungsskizze f. die Frühfassung siehe *Canto di speranza* [17]
- Particellentwurf u. Reihenskizzen f. 1. Satz d. Frühfassung; Particellfragment f. 2. Satz d. Frühfassung; Particell f. 3. Satz d. Frühfassung: Autogr., 4 fol. [60.2]
- Partitur der dreisätzigen Frühfassung: Autogr., 15 fol. [60.3]
- Partitur f. 1. Satz d. Frühfassung: Fotogr. d. Autogr. m. autogr. Eintr., 3 fol. [60.4]
- Partitur f. 1. Satz d. Frühfassung: Fotogr. d. Autogr. m. autogr. Eintr., 3 fol. [60.5]
- Partitur: Fotogr. d. Autogr. m. autogr. Eintr., 16 fol. geb. [60.6]
- Partitur: Dr., 47 p. geb. [60.7]

Vokalsinfonie »Die Soldaten« (1963) Sopr, Mez, Alt, Ten, Bar, Baß, Orch
(Jakob Michael Reinhold Lenz)
1. Preludio, 2. Erster Akt: Introduzione, 3. Erster Akt: 3. Szene (Ricercari I), 4. Erster Akt: 5. Szene (Nocturno I), 5. Zweiter Akt: Intermezzo, 6. Zweiter Akt: 2. Szene (Capriccio, Corale e Ciacona II)

- Partitur ohne »Preludio«: Lichtdr., p. 40-179 geb. [110]
- Partitur mit »Preludio«: Lichtdr., 179 p. geb. [111]
- Klavierauszug ohne »Preludio«: Lichtdr. m. autogr. Eintr., 100 p. geb. [112]

Requiem für einen jungen Dichter. Lingual (1967-1969) Spr, Sopr, Baß, 3 Chöre, Orch, Jazz-Combo, Org, elektronische Klänge
(Texte verschiedener Dichter, Berichte und Reportagen)

- Notiz siehe *Concerto pour violoncelle et orchestre en forme de »pas de trois«* [62.4]
- Textentwürfe: Ts.-Dg. m. autogr. Eintr., 12 fol. [22.1]
  enth.: William Shakespeare, *Macbeth*, V/5; James Joyce, *Ulysses*; Dagmar Nick, *Apokalypse*; Fjodor Dostojewski, *Der Großinquisitor*; Gottfried Benn, Gedichte; Gregor von Nazianz, *Hymnus auf Gott*; Novalis, *Hymnen an die Nacht*; Léon Damas, *Guyana*; Gwendolyn Brooks, *U.S.A.*; Paul Vesey, *Belsazars Korridor hinab*; Boethius, *Consolationes philosophiae*
- Textmontagen f. Gottfried Benn / Fjodor Dostojewski u. Prediger IV, 1 / Paul Vesey / James Joyce / William Shakespeare / Gottfried Benn / Fjodor Dostojewski / Gwendolyn Brooks / Gregor von Nazianz / Léon Damas / Dagmar Nick / Prediger III, 1: Autogr., 4 fol. [22.2]
  enth. auch: fol. 1ᵛ Skizzen zu einer Frühfassung der *Dialoge*
- Textentwürfe: Ts.-Dg. m. autogr. Eintr., 21 fol. [22.3]
  enth.: »Komplex B 2/I« (Hans Henny Jahnn); »Komplex B 1« (Ezra Pound); »Bandkomplex I« (Albert Camus, Ezra Pound); »Bandkomplex II« (Wladimir Majakowski)
- Textentwürfe: Ts.-Dg. m. autogr. Eintr., 17 fol. [22.4]
  enth.: Gottfried Benn; Aischylos; »Bandkomplex I« (Albert Camus, Ezra Pound); »Introduktion (Band I)« (James Joyce, Sándor Weöres); »Introduktion (Band II)« (Ecclesiastes III, 10-11; Sándor Weöres); »Introduktion (Band III)« (Sándor Weöres); »Introduktion (Band IV)« (Kurt Schwitters)
- Textentwürfe: Ts.-Dg. m. autogr. Eintr., 11 fol. [22.5]
  enth.: Konrad Bayer; »Sprechband I« (Wladimir Majakowski); »Russisch kommt an folgenden Stellen vor ...«
- Textentwürfe f. Wladimir Majakowski (dt.: Karl Dedecius), *Für Sergej Jessenin*: Ts. m. autogr. Eintr. u. m. Eintr. v. fr. Hd., 16 fol. [22.6]

- Textentwürfe f. Sándor Weöres, *dob és tánc*: Autogr. u. fr. Hs., 8 fol. [22.7]
- Textentwurf f. »Übersetzung eines Ausschnittes der Rede [Alexander] Dubčeks«: Ts. m. autogr. Eintr., 3 fol. [22.8]
- Textentwurf f. Wladimir Majakowski (dt.: Alexej Barnakow), *An Sergeij Jessenin* in einem Brief v. Barnakow an Bernd Alois Zimmermann vom 11. August 1968: Hs. v. Alexej Barnakow, 2 fol. [22.9]
- Textentwurf f. »Anfang und Ende des grossen Todesmonologes der Anna Livia Plurabelle« (James Joyce, *Finnegans Wake*) u. Sándor Weöres, *dob és tánc*: Ts.-Dg., 3 fol. [22.10]
- Ablaufskizzen: Autogr. auf Millimeterpapier, 2 fol. [52.1]
- Skizzen f. »Statische Chorblöcke«: Autogr. auf Transparent, 7 fol. [52.2]
- Skizzen f. Comp. II, u.d.T. »Introduktion (Band I)«: Autogr. auf Transparent, 4 fol. [52.3]
- Skizzen f. Comp. I, u.d.T. »Introduktion (Band II)«: Autogr. auf Transparent, 2 fol. [52.4]
- Skizzen f. Comp. III, u.d.T. »Introduktion (Band III)«: Autogr. auf Transparent, 2 fol. [52.5]
- Skizzen f. Comp. IV, u.d.T. »Introduktion (Band IV)«: Autogr. auf Transparent, 2 fol. [52.6]
- Skizzen f. Comp. V, u.d.T. »Bandkomplex I«: Autogr. auf Transparent, 2 fol. [52.7]
- Skizzen f. Comp. VI, u.d.T. »Bandkomplex II«: Autogr. auf Transparent, 2 fol. [52.8]
- Skizze f. Comp. VII, u.d.T. »Bandkomplex III«: Autogr. auf Transparent, 1 fol. [52.9]
- Skizzen f. Comp. VII, u.d.T. »Sprechband I (Aus vollem Halse)«: Autogr. auf Transparent, 6 fol. [52.10]
- Skizzen f. Comp. IX, u.d.T. »Komplex B 2/I (H. H. Jahnn) Anias Monolog«: Autogr. auf Transparent, 4 fol. [52.11]
- Skizzen f. »Komplex B 1 (Sprachstrecken)« (Wladimir Majakowski, »Nachruf auf Sergej Jessenin«, Ezra Pound, »Canto LXXIX«): Autogr. auf Transparent, 6 fol. [52.12]
- Zeitverteilung f. »Glockenschläge«; Mischungsplan für die Anfangsklänge; Transpositionen f. »Glockenklänge«; Zeitverteilung f. »Prolog« u. »Joyce« im »Prolog«; Tabelle der Klänge f. »Gl. Anschläge«: Autogr., 6 fol. [52.14]
- Montagepläne f. »Dona nobis pacem« u. »Ricercar«: Autogr., 3 fol. [52.15]
- »Permeabilitätsexperiment« u. Proportionentabelle: Autogr., 2 fol. [52.16]
- Proportionen- und Reihentabellen f. »Majakowski«: Autogr., 1 fol. [52.17]
- Skizzen f. »Komplex B 2/1« u. Zeittabelle f. »Strecken I« u. »Strecken II«: Autogr. u. Fotok. d. Ts., 1 fol. [52.18]
- Partiturentwurf f. »F Lamento«: Fotok. d. Autogr., 4 fol. [52.13]
- Partitur f. »Prolog« u. »Requiem I«: Lichtdr. d. Autogr., 171 p. geb. [76.1]
- Partitur f. »Requiem II« bis »Ricercar«: Lichtdr. d. Autogr., 14 fol. [76.2]
- Partitur f. »Requiem II«, »Rappresentazione« bis »Lamento«, u. »Dona nobis pacem«: Lichtdr. d. Autogr., 45 p. geh. [76.3]
- Partitur: Lichtdr. d. Autogr., 208 p. geb. [76.5]
- Partitur: Lichtdr. d. Autogr., 208 p. geb. [76.4]

»Ich wandte mich und sah an alles Unrecht, das geschah unter der Sonne«. Ekklesiastische Aktion
(1970) 2 Spr, Baß, Orch
(Prediger Salomo IV, 1-10 / Fjodor Dostojewski)

- Reihentabelle: Autogr., 1 fol. [54.1]
- Particellentwurf: Autogr., 2 fol. [54.2]
- Partitur: Autogr., 17 fol. [26]
- Partitur: Lichtdr., 53 p. geb. [144]

8. ELEKTROAKUSTISCHE MUSIK

Tratto. Komposition für elektronische Klänge in Form einer choreographischen Studie (1965–1967)

- Skizze: Autogr. auf Millimeterpapier, 1 fol. [Slg. Doris Gielen 2]
- Ablaufskizzen: Autogr. auf Millimeterpapier, 3 fol. [14.1]
- Frequenzberechnungen, Montageskizze, Zeitplan: Autogr., 7 fol. u. Ts. m. autogr. Eintr., 4 fol. [14.2]
- Frequenzberechnungen m. einem Brief v. Georg Kniebe an Zimmermann vom 24. Oktober 1965: Hs. v. Georg Kniebe m. autogr. Eintr., 7 fol. [14.3]

9. BÜHNENMUSIK

Das Gelb und das Grün. Musik zu einem Puppentheater (1952)
(Fred Schneckenburger)
Bearbeitung der *Exerzitien*
1. Fassung: Kl – Ineinander übergehende Sätze
2. Fassung: Kleines Orch – 1. Prolog, 2. Burleske, 3. Kleiner Walzer, 4. Phantasmagorie, 5. Marsch, 6. Epilog

- Partitur (1. Fassung): Autogr., 2 fol. [39.1]
- Partitur (2. Fassung), auch u.d.T. »Suite aus ›Das Gelb und das Grün‹«: Autogr., 15 fol. [39.2]

Die Grasharfe (1954) Ges, kleines Orch
(Truman Capote, dt.: Leo Mittler)

- Text: Ts.-Dr. m. autogr. Eintr., 137 p. [155]
- Partitur: Autogr. m. Eintr. v. fr. Hd., 21 fol. [38]

Sam Egos Haus (1954) Besetzung unbekannt
(William Saroyan, dt.: Willy H. Thiem)

- Text: Ts.-Dr. m. autogr. Eintr., 115 p. [156]

Der Graf von Ratzeburg (1955) Tonband
(Ernst Barlach)

- Text: Ts.-Dr. m. autogr. Eintr., 117 p. [157]

Der Ruhetag (1956) Besetzung unbekannt
(Paul Claudel, dt.: Jakob Hegner)

- Text: Ts.-Dr. m. autogr. Eintr. u. m. Eintr. v. fr. Hd., 118 p. [158]

Mond über Terrakon (undatiert) Vermutlich Projekt einer Bühnenmusik
(Raoul Wolfgang Schnell)

- Text (1. Fassung): Ts. m. autogr. Eintr., 24 fol. [7.1]
- Text (2. Fassung): 2 Ts.-Dg. m. Eintr. v. fr. Hd. (vermutlich Raoul Wolfgang Schnell), jew. 19 fol. [7.2-3]

10. FILMMUSIK

Sintflut und Arche (1956) Fl, Ob, Hf, Kl (Cemb), Vl, Vc
(Regie: Hans Joachim Hossfeld)

– Partitur: Autogr., 5 fol. [27]

11. HÖRSPIELMUSIK

1900 Jahre Köln (1950) Chor, Orch
(Stephan Andres, Regie: Ludwig Cremer)

– Partitur: Fotogr. d. Autogr., 22 fol. geb. [83]

Des Menschen Unterhaltsprozeß gegen Gott. Funkoper in drei Akten (1952) 2 Spr, 2 Sopr, Alt, 4 Ten, 2 Baß, Fchor, Mchor, großer Chor, Orch
(Hubert Rüttger nach Pedro Calderón de la Barca, Regie: Ludwig Cremer)

– Text, u.d.T. »Des Menschen Unterhaltsprozeß mit Gott«: Dr. m. autogr. Eintr. u. m. hs. Widmung v. Hubert Rüttger, 46 p. geb. [154]

Ssadko, der Spielmann (1952) Hf
(Werner Liborius)

– Partitur: Autogr., 4 fol. [28]

Melusine (1956) Fl, Klar (B), Mar, Glsp, Schl, Pk, Cel, Cemb, Hf, Vl, Vla, Vc
(Yvan Goll, Regie: Ludwig Cremer)

– Partiturentwurf: Autogr., 1 fol. [58]

Judith (1958) Vib, Schl, Kl, Cel, Cemb, Hf, Kb
(Jean Giraudoux, Regie: Ludwig Cremer)

– Partiturentwurf: Autogr., 1 fol. [16]

Die Befristeten (1966) Klar, Kornett, SoprSax, TenSax, Cemb, Kl, Schl, Kb
(Elias Canetti, Regie: Raoul Wolfgang Schnell)

– Text: Hektogr. m. autogr. Eintr., 118 fol. [5]
– Partitur: Fotogr. d. Autogr., 3 fol. [41]

12. BEARBEITUNGEN FREMDER WERKE

Geseg'n dich Laub (1947) Chor a capp.
(Volkslied)

– Partitur: Fotok. einer Abschr. v. fr .Hd., 2 fol. [6]

Es geht ein' dunkle Wolk' herein (um 1947) Chor a capp.
(Volkslied)

– Partitur: Fotok. d. Autogr., 2 fol. [23.1]
– Partitur: Fotok. einer Abschr. v. fr. Hd., 2 fol. [23.2]

Es ist ein Schnitter, heißt der Tod (um 1947) Chor a capp.
(Volkslied)

– Partitur: Fotok. d. Autogr., 2 fol. [9.1]
– Partitur: Fotok. einer Abschr. v. fr. Hd., 2 fol. [9.2]

Es soll sich der Mensch nicht mit der Liebe abgeben (um 1947) Chor a capp.
(Volkslied)

– Partitur: Autogr., 2 fol. [77]

Widewidewenne heißt meine Puthenne (um 1947) Fchor (Knabenchor) a capp.
(Volkslied)

– Partitur: Autogr., 2 fol. [78]

Zau dich, Frau! (um 1949) Chor a capp.
(Volkslied)

– Partitur: Autogr., 1 fol. [32]

Concertino für Klavier und Orchester (1950)
(Sergej Rachmaninow)

– Partitur: Fotok. d. Autogr., 32 fol. [102]

Laquitas (1956) Orch
(Peruanisches Volkslied)

– Partiturentwurf: Autogr., 4 fol. [89]

Cinque Capricci di Girolamo Frescobaldi »La Frecobalda« (1962) Kleines Orch
1. Capriccio di durezze, 2. Capriccio sopra la Spagnoletta, 3. Capriccio di durezze e ligature, 4. Capriccio sopra la bassa Fiamenga, 5. Capriccio cromatico con ligature al contrario

– Partitur: Fotogr. d. Autogr. m. autogr. Eintr. u. m. Eintr. v. fr. Hd., 8 fol. geb. [124]
– Partitur: Lichtdr., 27 p. [125]

Vater und Sohn (1963) Kleines Orch
(Paul Haletzki)
Komponiert unter dem Pseudonym »Bernardo Pazzi«

– Partitur: Fotok. d. Autogr., 10 fol. [101]

13. SKIZZEN

Grundgestalten (1956)

– Reihengrundgestalten zu *Konzert für Violine und großes Orchester*, 2. Satz; *Sinfonie in einem Satz; Sonate für Violine solo; Enchiridion / Kontraste / Konzert für Violoncello und kleines Orchester in einem Satz / Metamorphosen / Konfigurationen; Konzert für Oboe und kleines Orchester / Konzert für Trompete in C und Orchester*; »Symmetrische Reihen«: Autogr., 1 fol. [11.1]

Metrische Reihen / Charakterisierung verschiedener Schlaginstrumente (vor 1958 / Ende der sechziger Jahre)

– Aufstellung metrischer Reihen für eine unbekannte Komposition; Charakterisierung verschiedener Schlagzeuginstrumente: Autogr., 1 fol. [11.7]

176 = Alle symmetrischen Allintervallreihen (um 1958)

– Skizze: Ts. m. autogr. Eintr., 1 fol. [11.3]

Proportionsplan (um 1960)

– Skizze: Autogr. auf Millimeterpapier, 1 fol. [11.2]

Happening (um 1965)

– Material- u. Strukturplan: Autogr., 1 fol. [11.8]

Proportionenberechnungen (um 1965)

– Skizzen: Autogr., 2 fol. [11.5]
enth. auch: fol. 1^r u. fol 2^r Notationsfragment für Vc, evtl. für *Concerto pour violoncelle et orchestre en form de »pas de trois«*

Stimme (um 1965)

– Stimme (unvollst.), vermutlich f. Vc oder Kb: Autogr., 1 fol. [11.6]

Instrumentationsstudien (um 1966)

– Skizze: Autogr., 1 fol. [11.4]

Abkürzungen

Abschr.	Abschrift	*Kb*	Kontrabaß
a capp.	a cappella	*Kl*	Klavier
Autogr.	Autograph	*Klar*	Klarinette
Bar	Bariton	*Lichtdr.*	Lichtdruck
Bd.	Band	*m.*	mit
Cel	Celesta	*Mar*	Marimbaphon
Cemb	Cembalo	*Mchor*	Männerchor
Chor	gemischter Chor	*Mez*	Mezzosopran
d.	der, die, das, des	*Nr.*	Nummer
Dg.	Durchschlag	*Ob*	Oboe
Dr.	Druck	*op.*	opus
dt.	deutsch	*Orch*	Orchester
Eintr.	Eintragung, -en	*Org*	Orgel
enth.	enthält	*p.*	pagina (numerierte Seite)
evtl.	eventuell	*Picc*	Piccoloflöte
f.	für	*Pk*	Pauke, -n
Fchor	Frauenchor	*r*	recto
Fg	Fagott	*Sax*	Saxophon
Fl	Flöte	*Schl*	Schlagzeug
fol.	folio (Blatt)	*Slg.*	Sammlung
Fotogr.	Fotografie	*Sopr*	Sopran
Fotok.	Fotokopie	*Spr*	Sprecher
fr. Hs.	fremde Handschrift	*Ten*	Tenor
geb.	gebunden	*Ts.*	Typoskript
geh.	geheftet	*u.*	und
Ges	Gesang	*u.a.*	unter anderem
Glsp	Glockenspiel	*u.d.T.*	unter dem Titel
H.	Heft	*unvollst.*	unvollständig
Hektogr.	Hektografie	*v*	verso
Hf	Harfe	*v.*	von
Hg.	Herausgeber	*Vc*	Violoncello
Hr	Horn	*v. fr. Hd.*	von fremder Hand
Hs.	Handschrift	*Vib*	Vibraphon
hs.	handschriftlich	*Vl*	Violine
Instr.	Instrument, -e	*Vla*	Viola
jew.	jeweils	*z.T.*	zum Teil

Das Bernd-Alois-Zimmermann-Archiv umfaßt neben dem Nachlaß noch mehrere Bestände anderer Provenienz: die Sammlung des Verlags Schott Musik International, die einen Großteil der Partiturreinschriften enthält, sowie Manuskripte aus dem Besitz von Doris Gielen, Liselotte Neufeld, Prof. Prof. hon. Siegfried Palm und Prof. Günter Wand.

Findsignaturen werden in eckigen Klammern [] angegeben, wobei Ziffern ohne weiteren Zusatz grundsätzlich auf Materialien aus dem Nachlaß verweisen.

Veröffentlichungen der Stiftung Archiv der Akademie der Künste,
Archivabteilung Musik

Hermann Scherchen
Musiker 1891-1966
Ein Lesebuch
zusammengestellt von Hansjörg Pauli und Dagmar Wünsche, mit einem Vorwort von Giselher Klebe.
30 s/w-Abbildungen, 152 Seiten; ISBN 3-926175-01-X / 1986

Bernd Alois Zimmermann
1918-1970. Dokumente zu Leben und Werk
Katalog zur Ausstellung. Zusammengestellt und kommentiert von Klaus Ebbeke, mit einem Geleitwort von Frank Michael Beyer sowie einer Textsynopse des *Requiem für einen jungen Dichter* und Werkverzeichnis. 49 s/w-Abbildungen, 212 Seiten; ISBN 3-88331-958-9 / 1989 (vergriffen)

Boris Blacher
1903-1975. Dokumente zu Leben und Werk
Katalog zur Ausstellung. Zusammengestellt und kommentiert von Heribert Henrich, mit einem Geleitwort von Frank Michael Beyer sowie Beiträgen von Christopher Grafschmidt, Jürgen Hunkemöller, Christiane Theobald, Martin Willenbrink und Inventar der Werkmanuskripte.
52 s/w-Abbildungen, 192 Seiten; ISBN 3-89487-171-7 / 1993

Hans Chemin-Petit
1902-1981. Dokumente zu Leben und Werk
Katalog zur Ausstellung. Zusammengestellt und dokumentiert von Vera Grützner, mit einem Geleitwort von Walter Jens sowie einem Verzeichnis der Werke und Tonaufnahmen.
60 s/w-Abbildungen, 178 Seiten; ISBN 3-89487-212-8 / 1994

Robert Schumanns letzte Lebensjahre
Protokoll einer Krankheit
Archivblätter Nr. 1, mit einem Vorwort von Wolfgang Trautwein sowie Beiträgen von Aribert Reimann und Franz Hermann Franken. 3 s/w-Abbildungen, 24 Seiten; ISBN 3-88331-978-3 / 1994

Paul Dessau
1894-1979. Dokumente zu Leben und Werk
Katalog zur Ausstellung. Zusammengestellt und kommentiert von Daniela Reinhold, mit einem Geleitwort von Hans Werner Henze sowie einer Synopse zur Entstehung der Oper *Die Verurteilung des Lukullus*, Werk- und Schriftenverzeichnis, Filmographie.
51 s/w-Abbildungen, 256 Seiten; ISBN 3-89487-225-X / 1995

Klaus Ebbeke
Zeitschichtung
Gesammelte Aufsätze zum Werk von Bernd Alois Zimmermann. Im Auftrag der Stiftung Archiv der Akademie der Künste herausgegeben von Heribert Henrich. Mit einem Vorwort von Rudolf Stephan.
15 s/w-Abbildungen, 219 Seiten; ISBN 3-7957-0345-X / 1998

Archive zur Musik des 20. Jahrhunderts

Bd. 1: Gösta Neuwirth
Herausgegeben von Werner Grünzweig, mit Beiträgen von György Kurtág, Claus-Henning Bachmann, Christine Mast, Isabel Mundry, Gösta Neuwirth, Helmut Satzinger, Jürg Stenzl und András Wilheim. Verzeichnis der musikalischen Schriften und Editionen, Inventar der Musikalien im Gösta-Neuwirth-Archiv.
Notenbeispiele, 87 Seiten, 1997; Wolke Verlag; ISBN 3-923997-81-7

Bd. 2: Frank Michael Beyer
Herausgegeben von Werner Grünzweig und Daniela Reinhold, mit Beiträgen von Peter Becker, Elmar Budde, Orm Finnendahl, Georg Katzer, Heinrich Poos, Frank Schneider, Peter Schwarz, Claudia Stahl, Habakuk Traber, André Werner und Gerd Witte. Inventar der Musikalien im Frank-Michael-Beyer-Archiv.
Abbildungen, Notenbeispiele, 107 Seiten, 1998; Wolke Verlag; ISBN 3-923997-82-5

Bd. 3: Hanns Eisler. 's müßt dem Himmel Höllenangst werden
Herausgegeben von Maren Köster, mit Dokumenten aus den Materialien zu »Johann Faustus«, Beiträge von Joy Calico, Kersten Glandien, Heiner Goebbels, Eckhard John, Georg Knepler, Maren Köster, Lynn Matheson, Gerd Rienäcker, Peter Schweinhardt, Wolfgang Thiel und Klaus Völker. Inventar der Musikalien im Hanns-Eisler-Archiv.
Abbildungen, Faksimile, 302 Seiten; Wolke Verlag; ISBN 3-923997-83-3

in Vorbereitung:

Bd. 5: Paul Dessau
Herausgegeben von Daniela Reinhold, mit Aufsätzen, Briefen, Tagebuchaufzeichnungen und Notaten von Paul Dessau sowie einem einleitenden Essay von Daniela Reinhold. Inventar der Musikautographe im Paul-Dessau-Archiv.
Abbildungen, Faksimile, ca. 150 Seiten; Wolke Verlag.
Erscheint im Herbst 1999.